Libro para colorear
Jumbo de la princesa y del cuento de hadas

Coloring Pages for Kids

Coloring Pages for Kids
An imprint of Ciparum LLC

Libro para colorear Jumbo de la princesa y del cuento de hadas
© 2017 Ciparum LLC
All rights reserved.
ISBN-10:1-63589-522-7
ISBN-13:978-1-63589-522-3

Coloring Pages for Kids

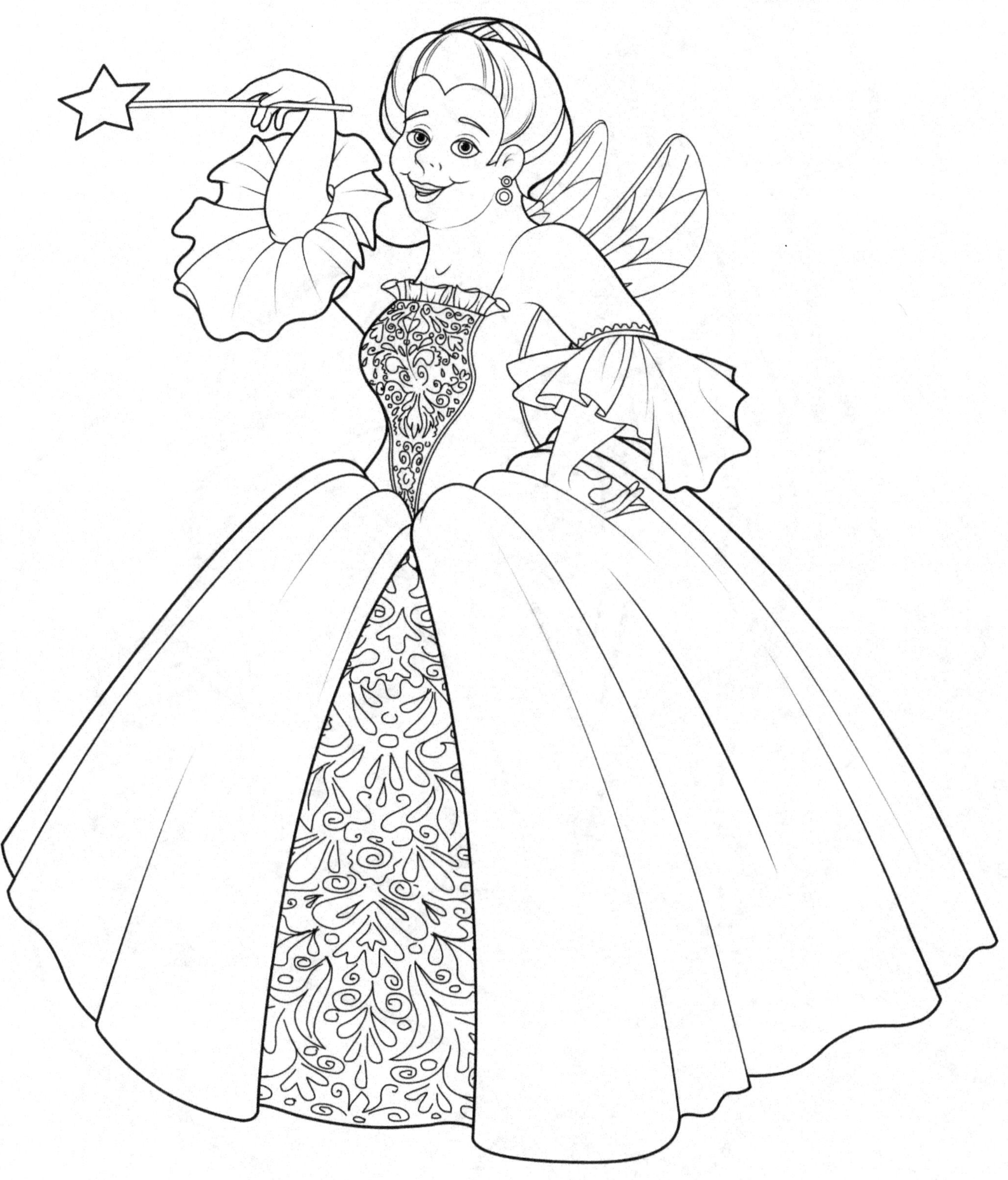

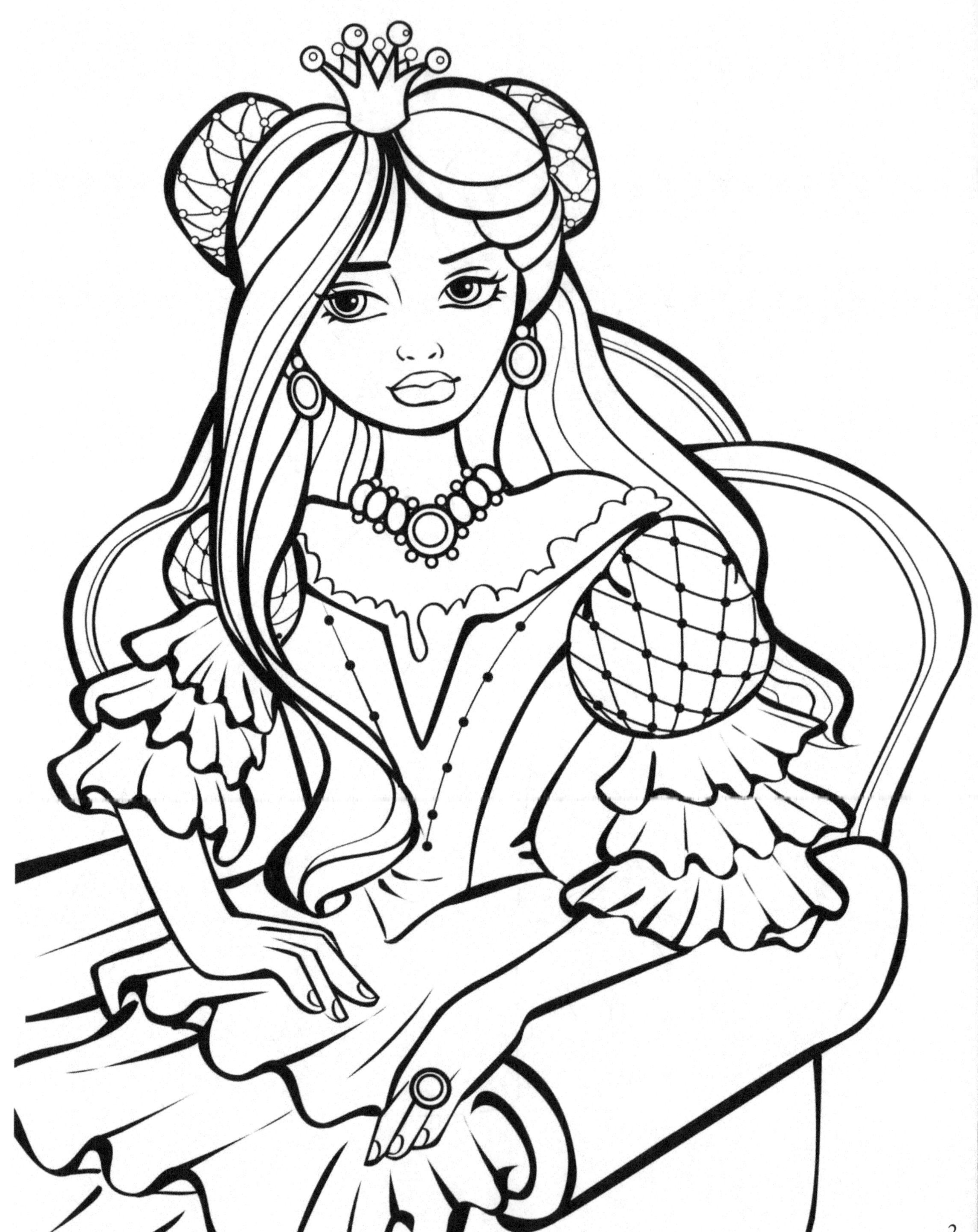

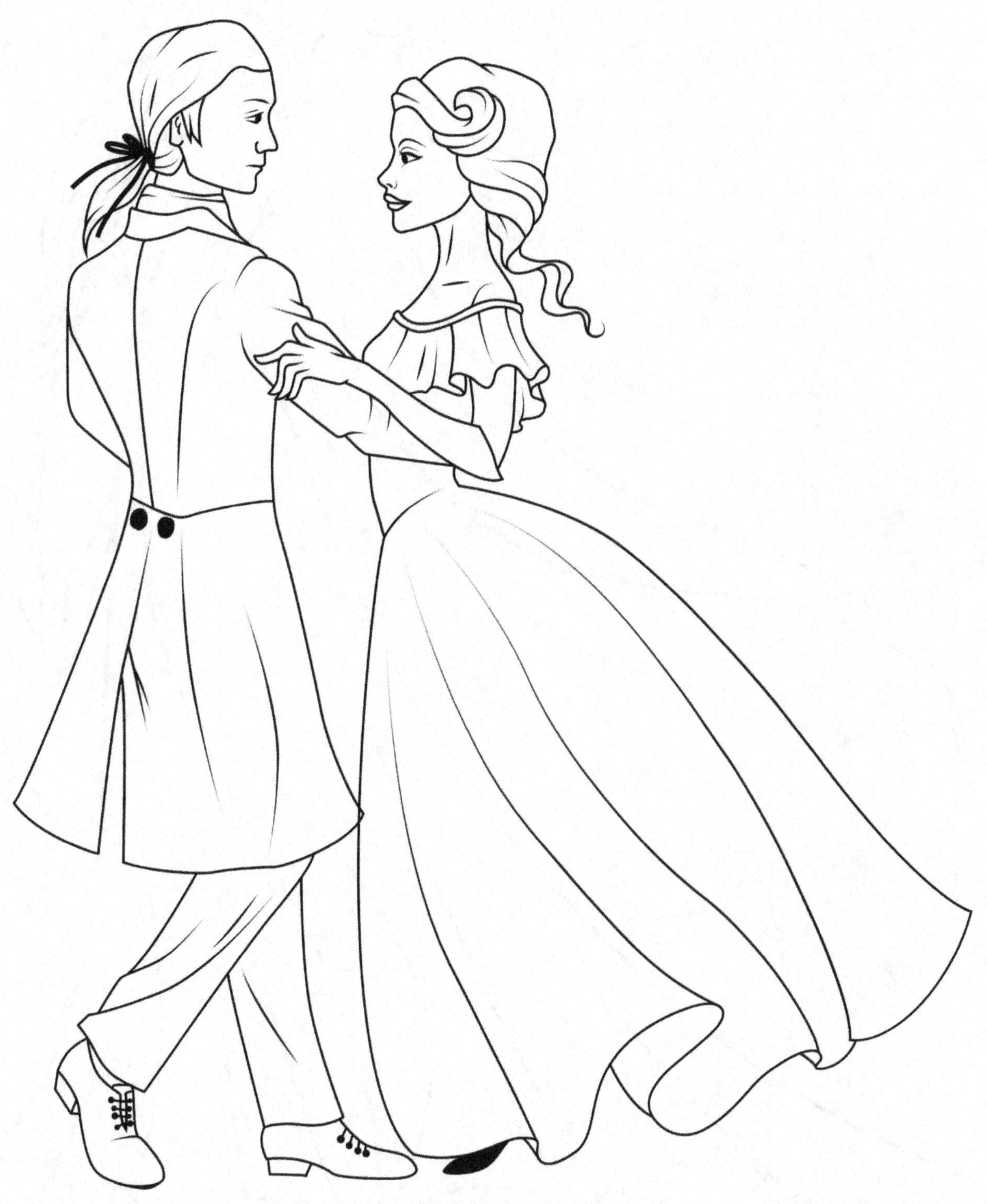

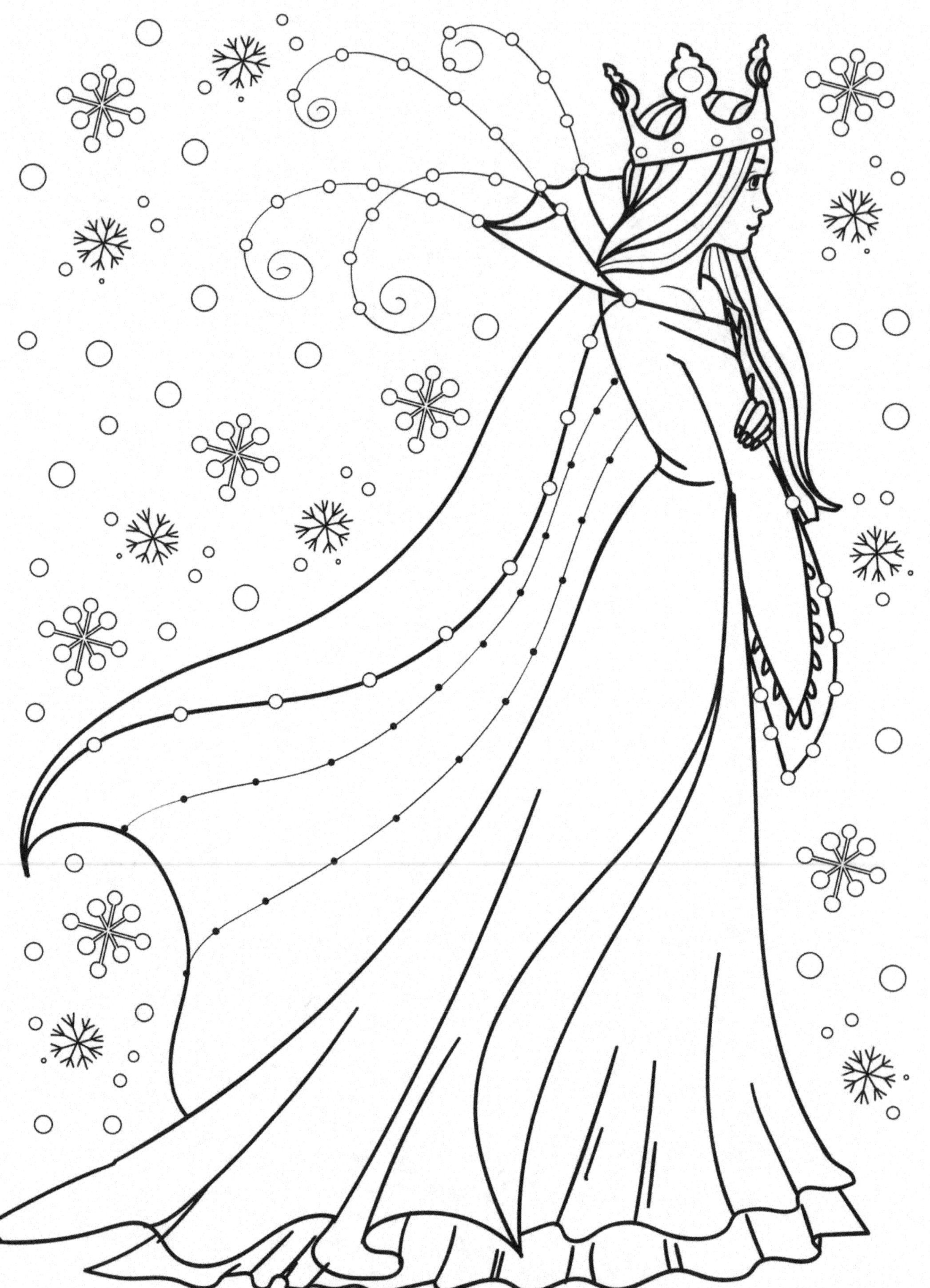

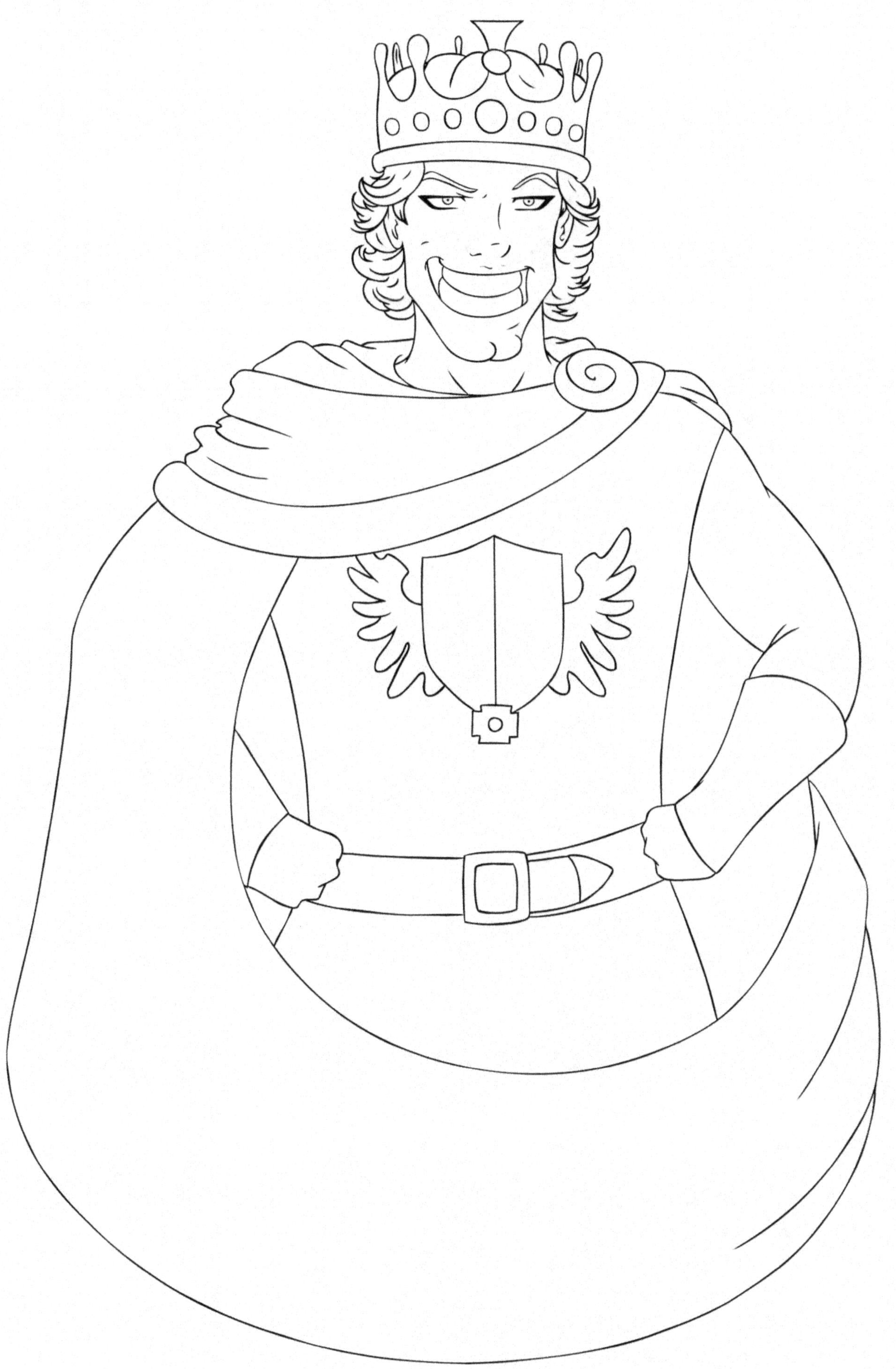

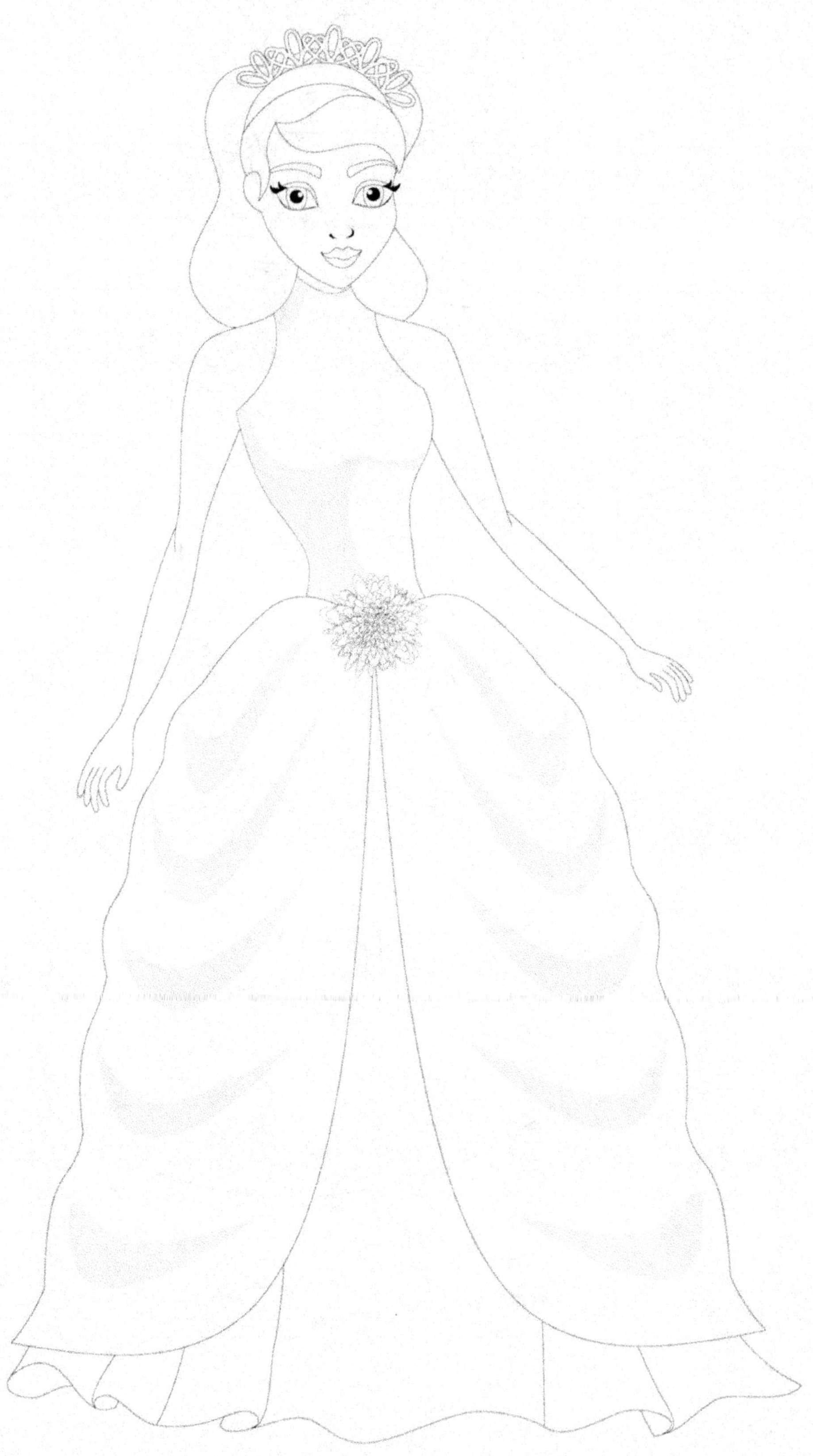

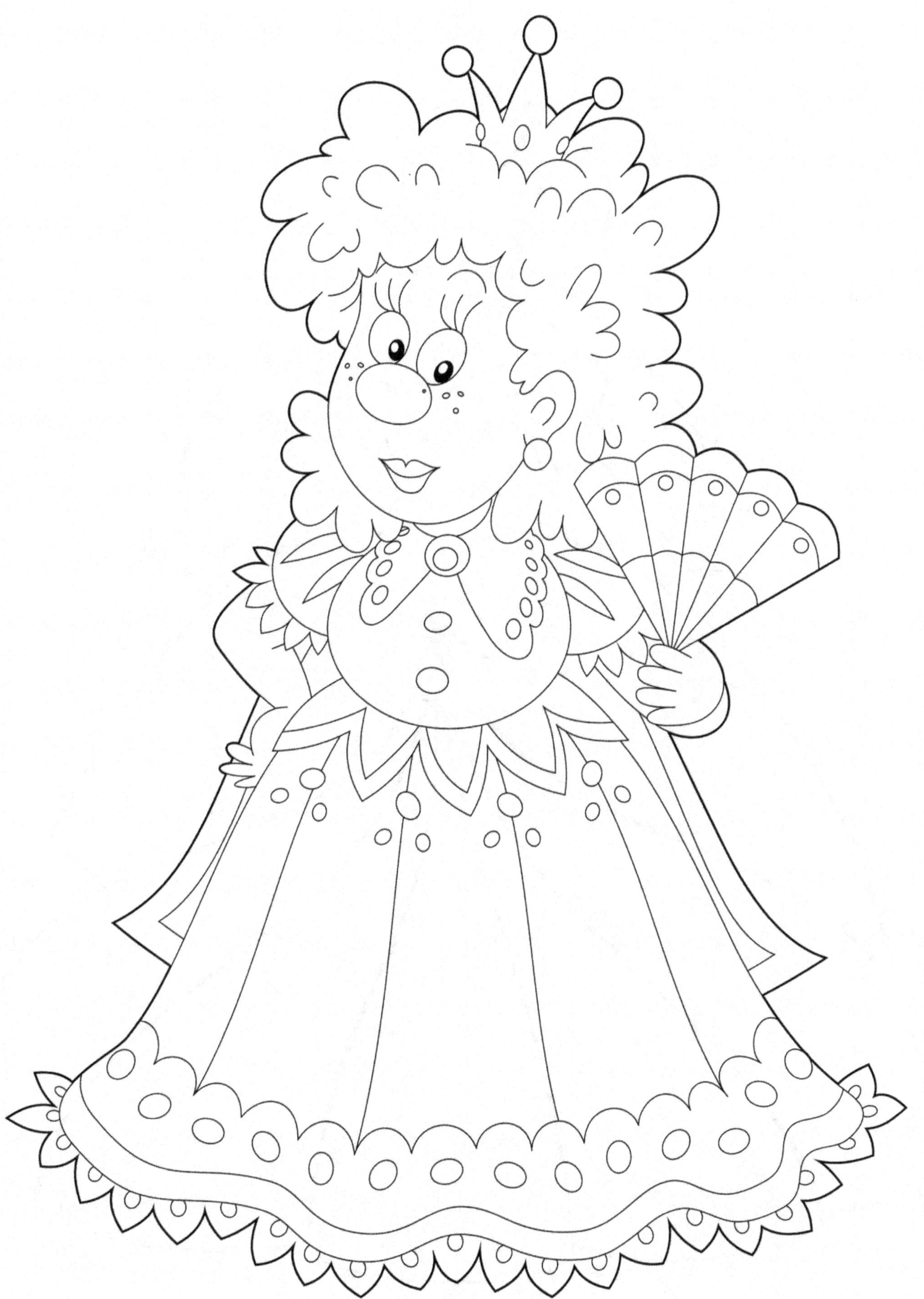

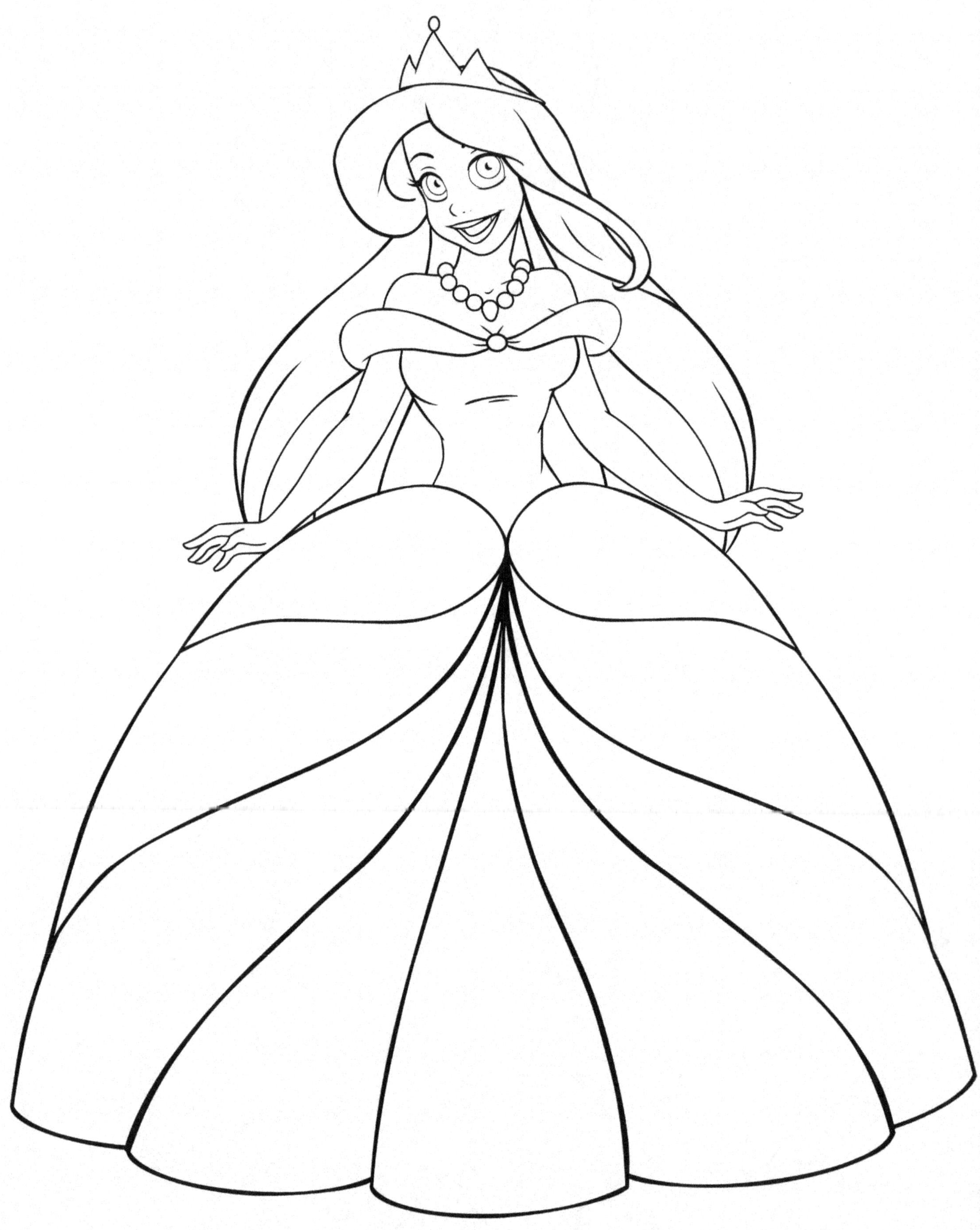

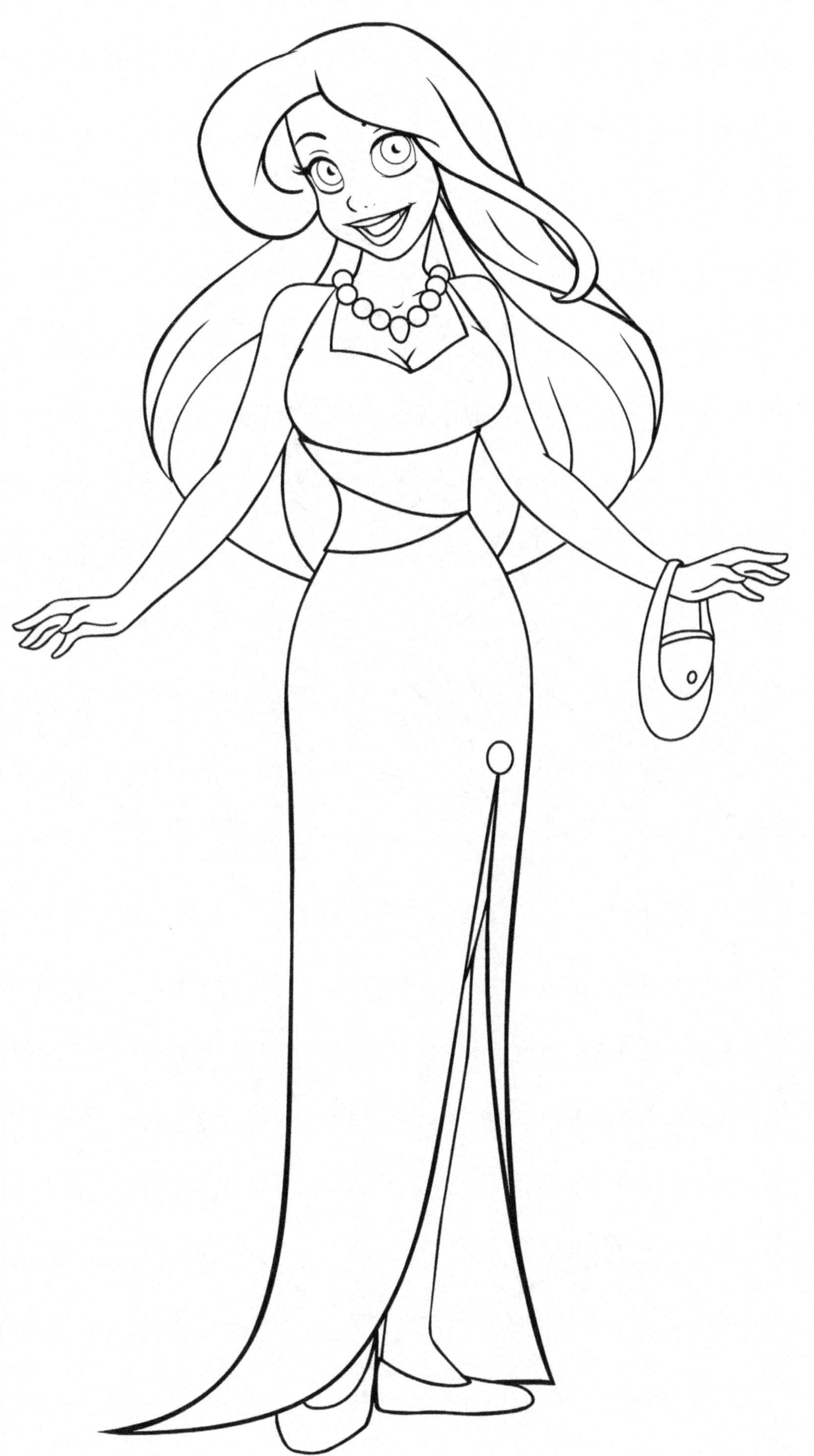

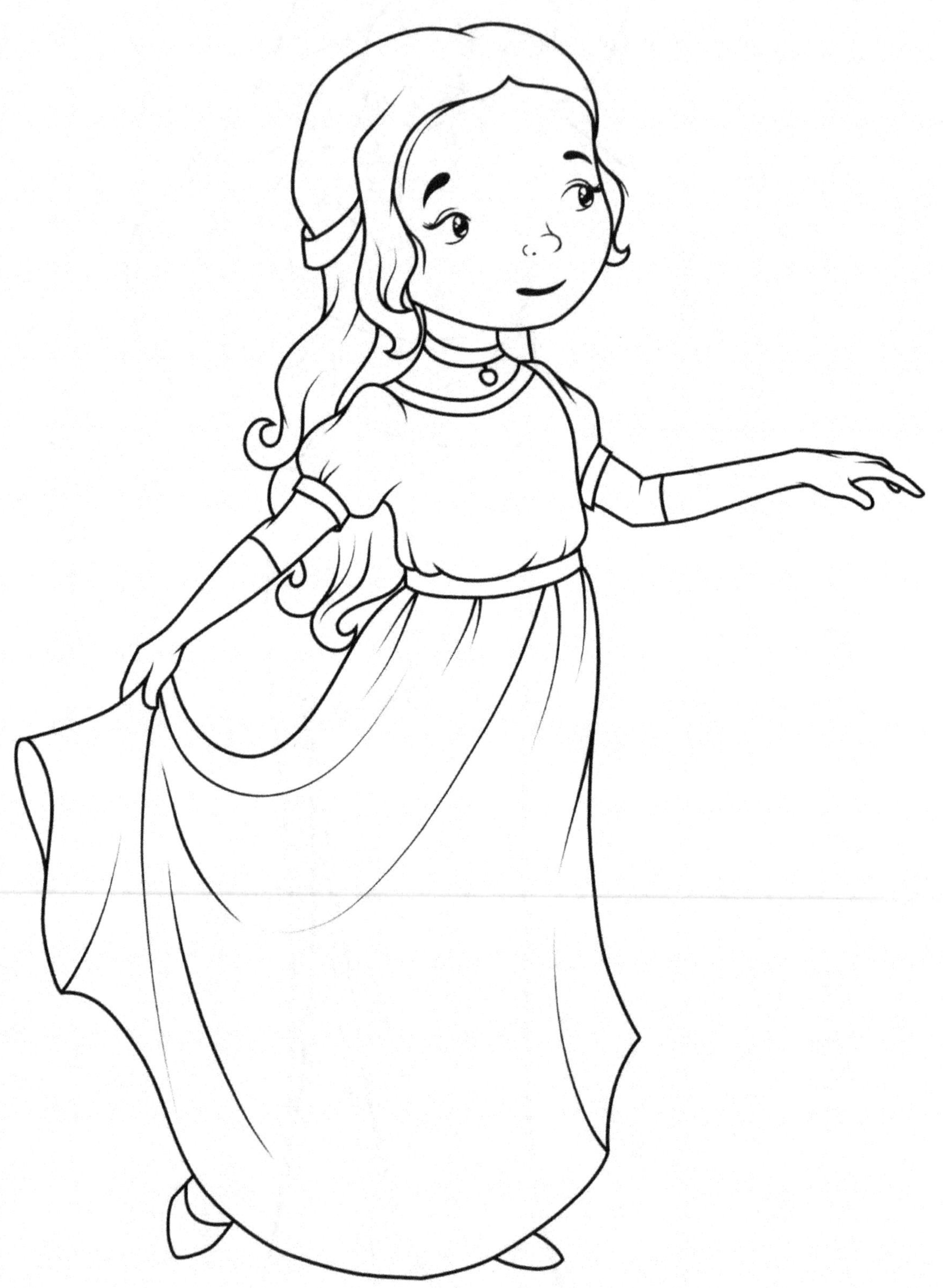

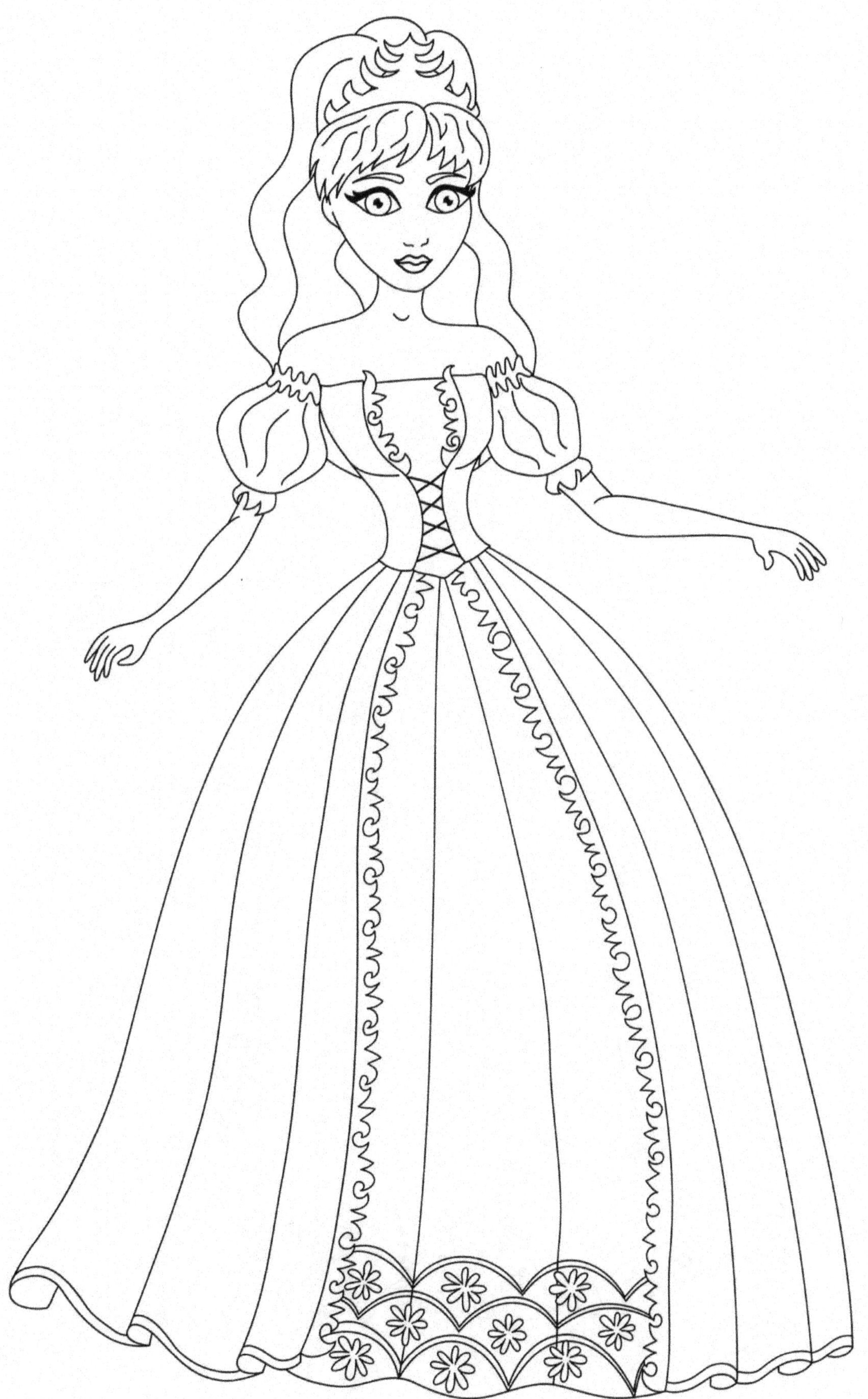

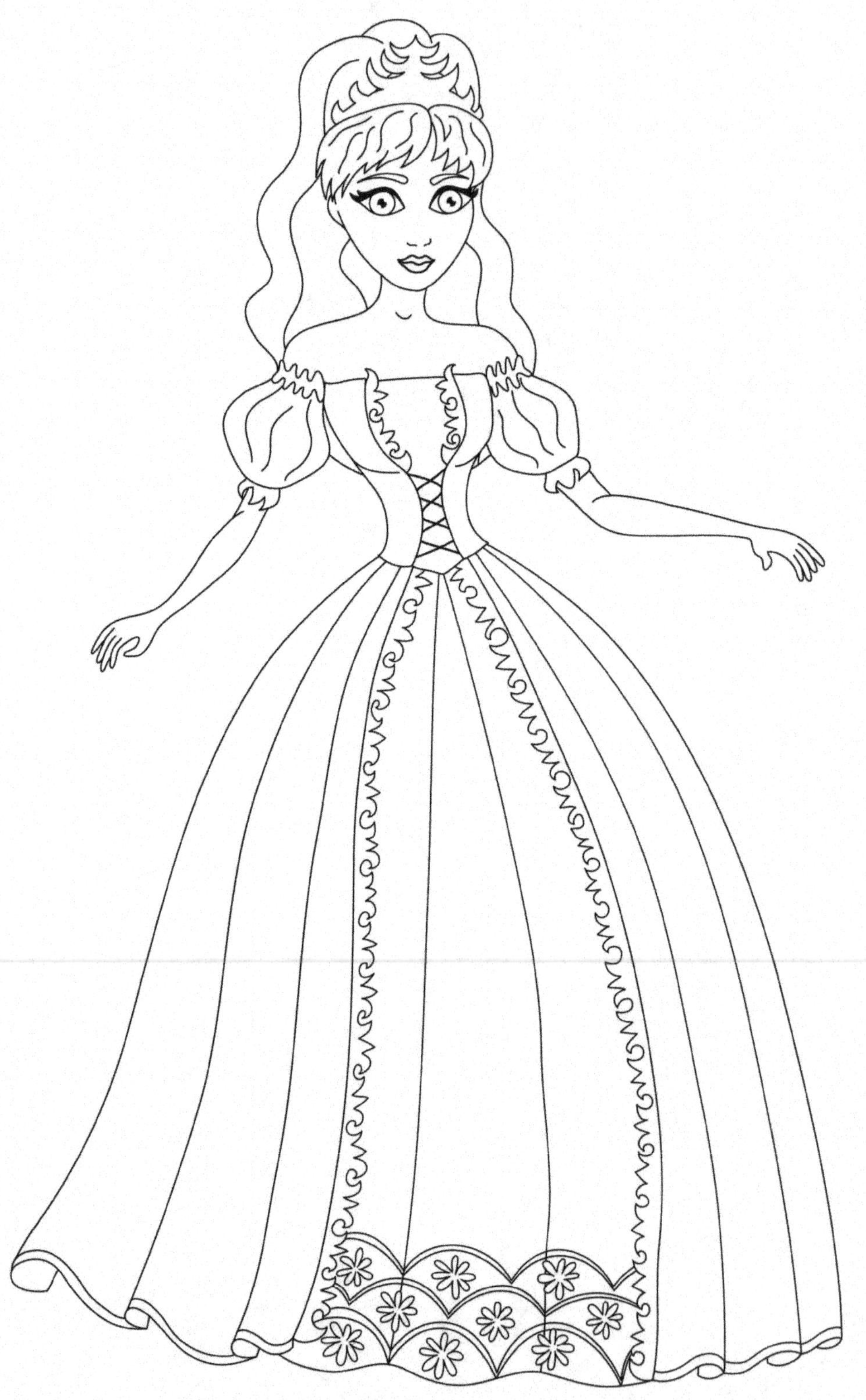

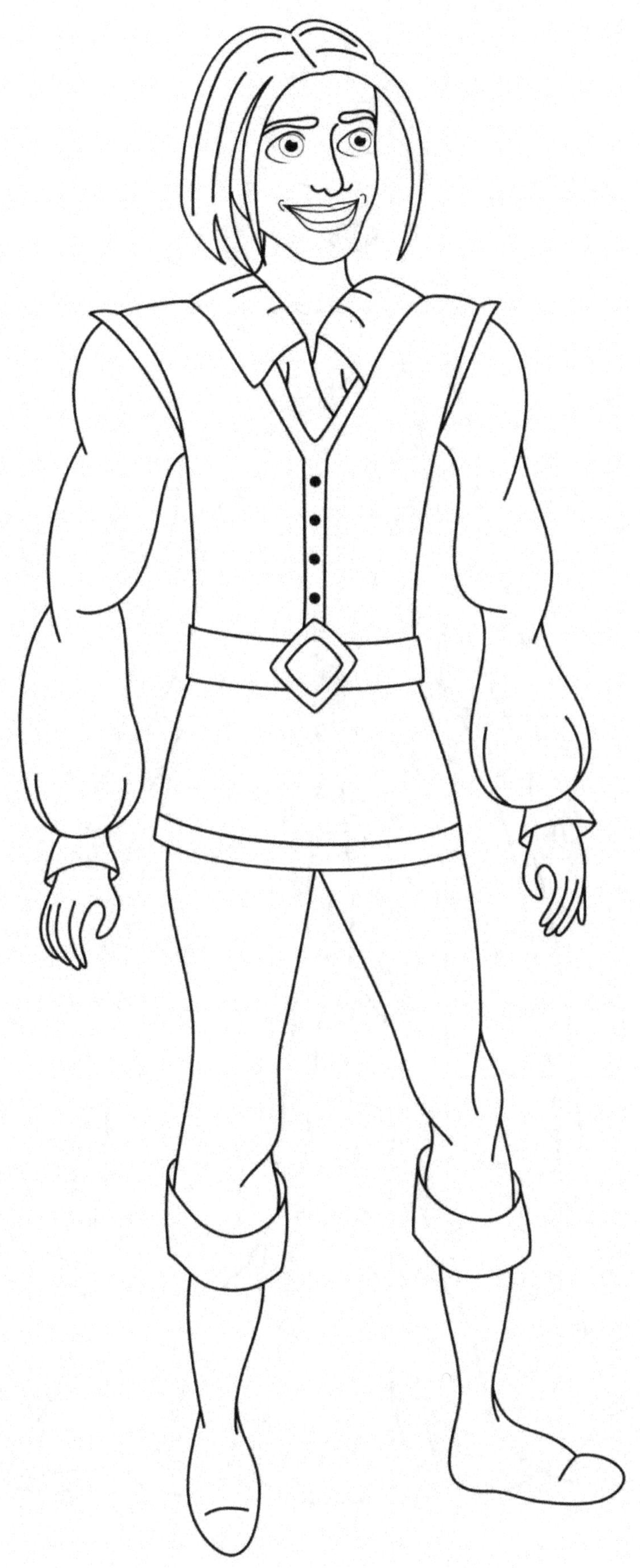

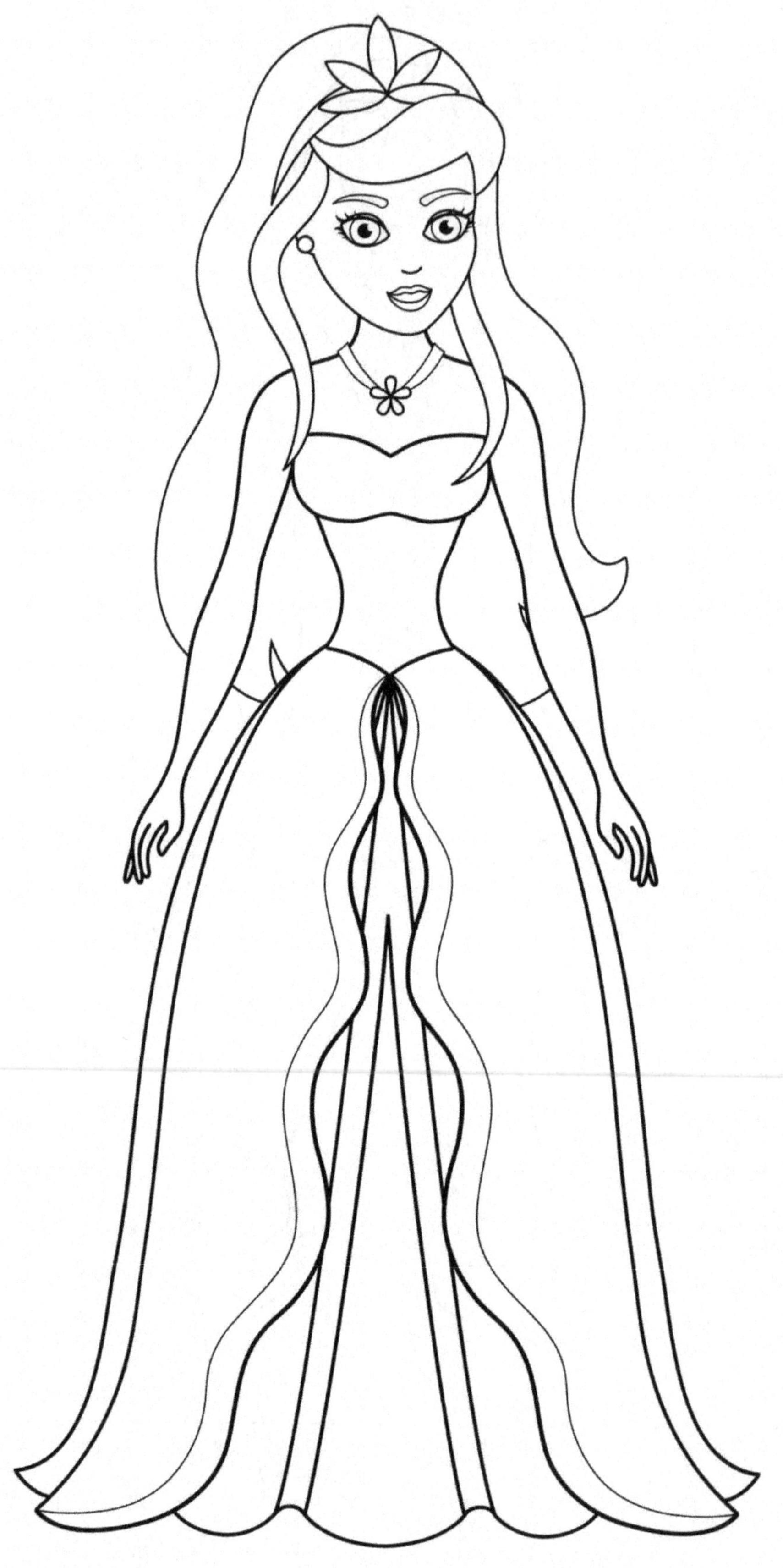

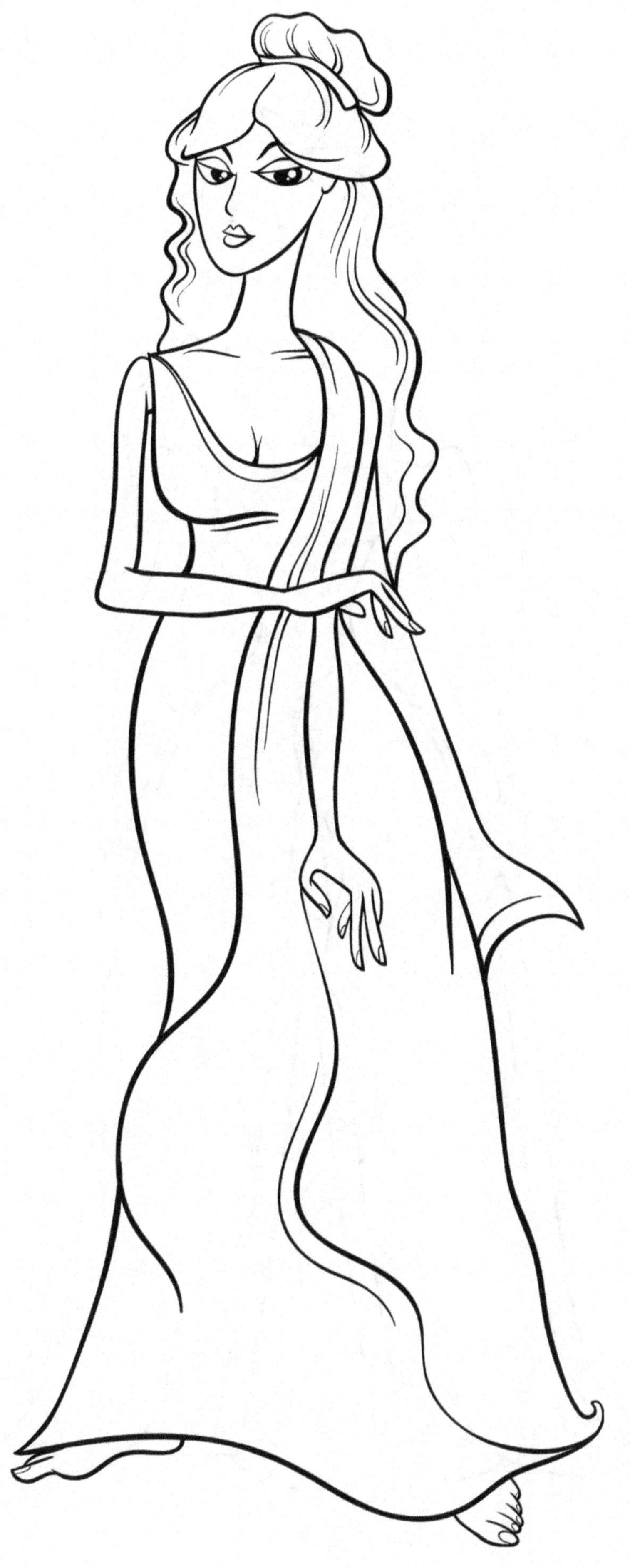

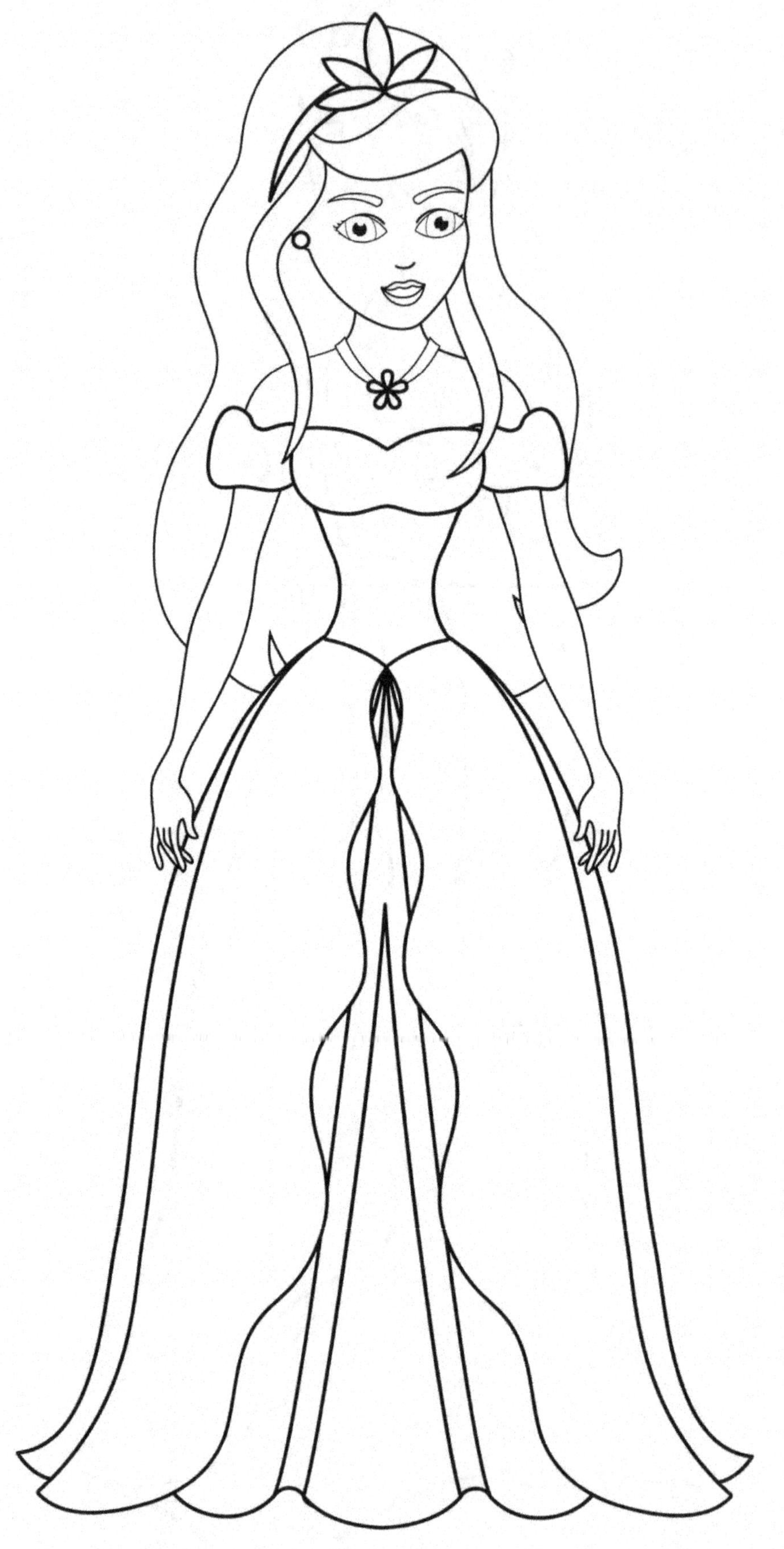

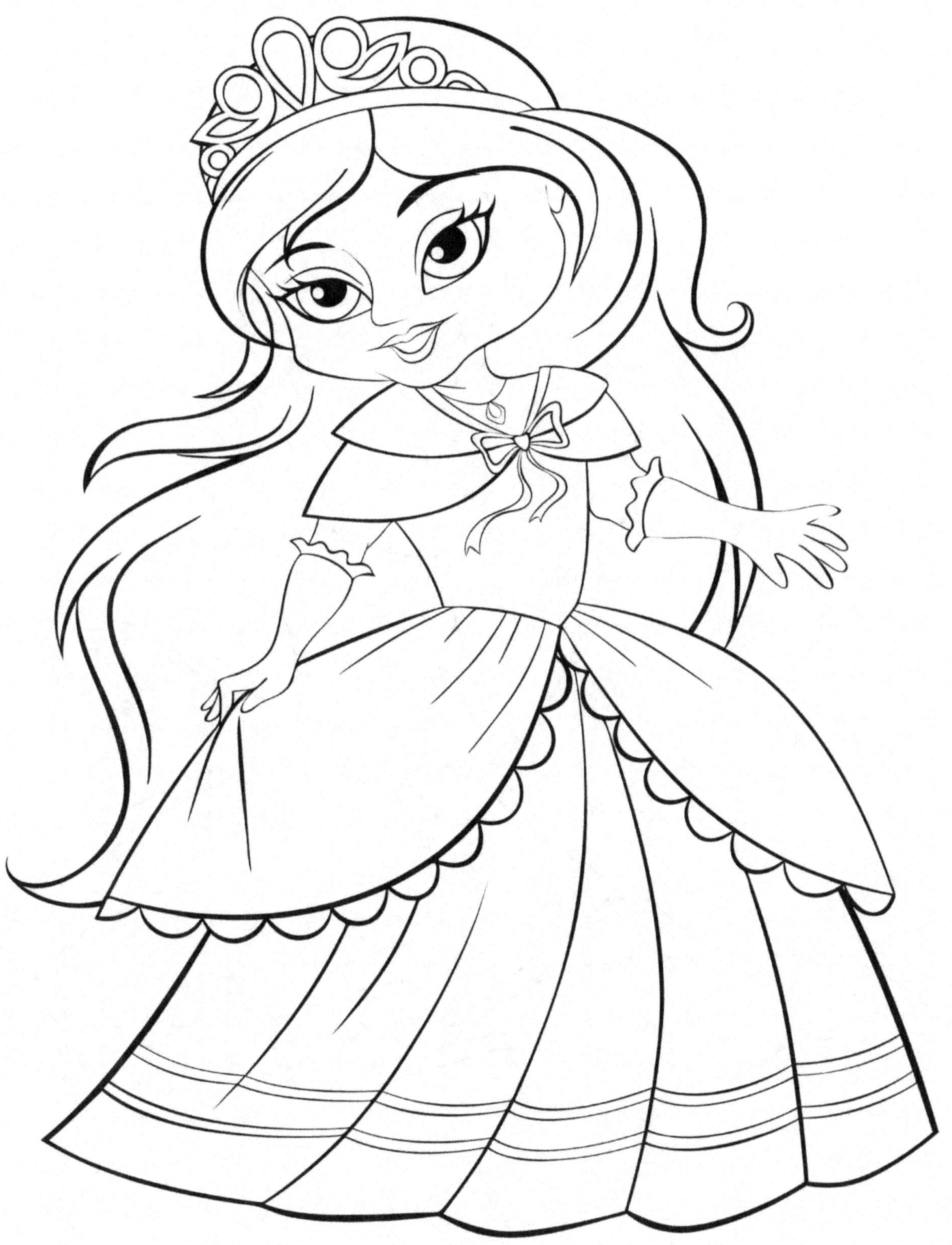

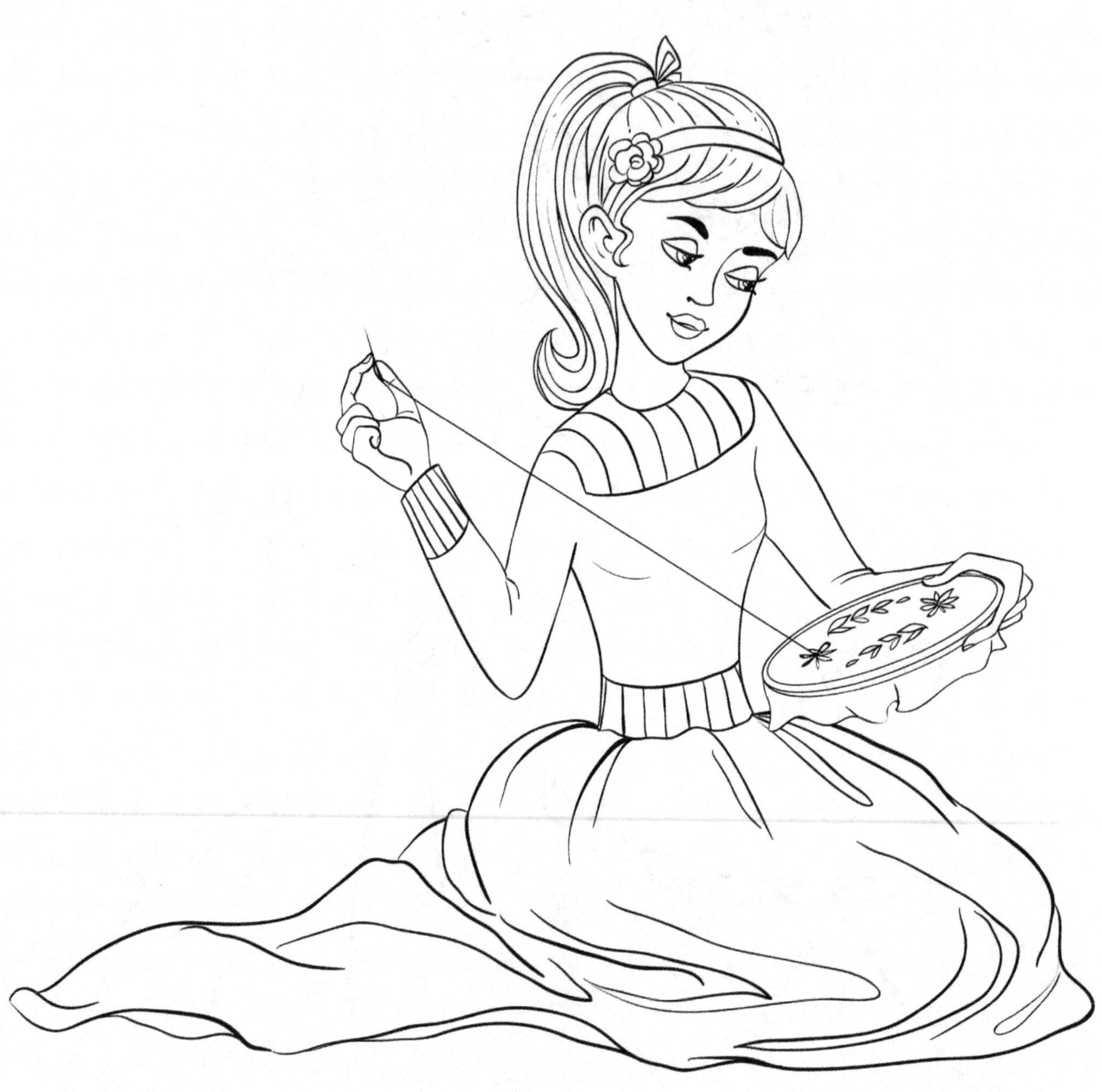

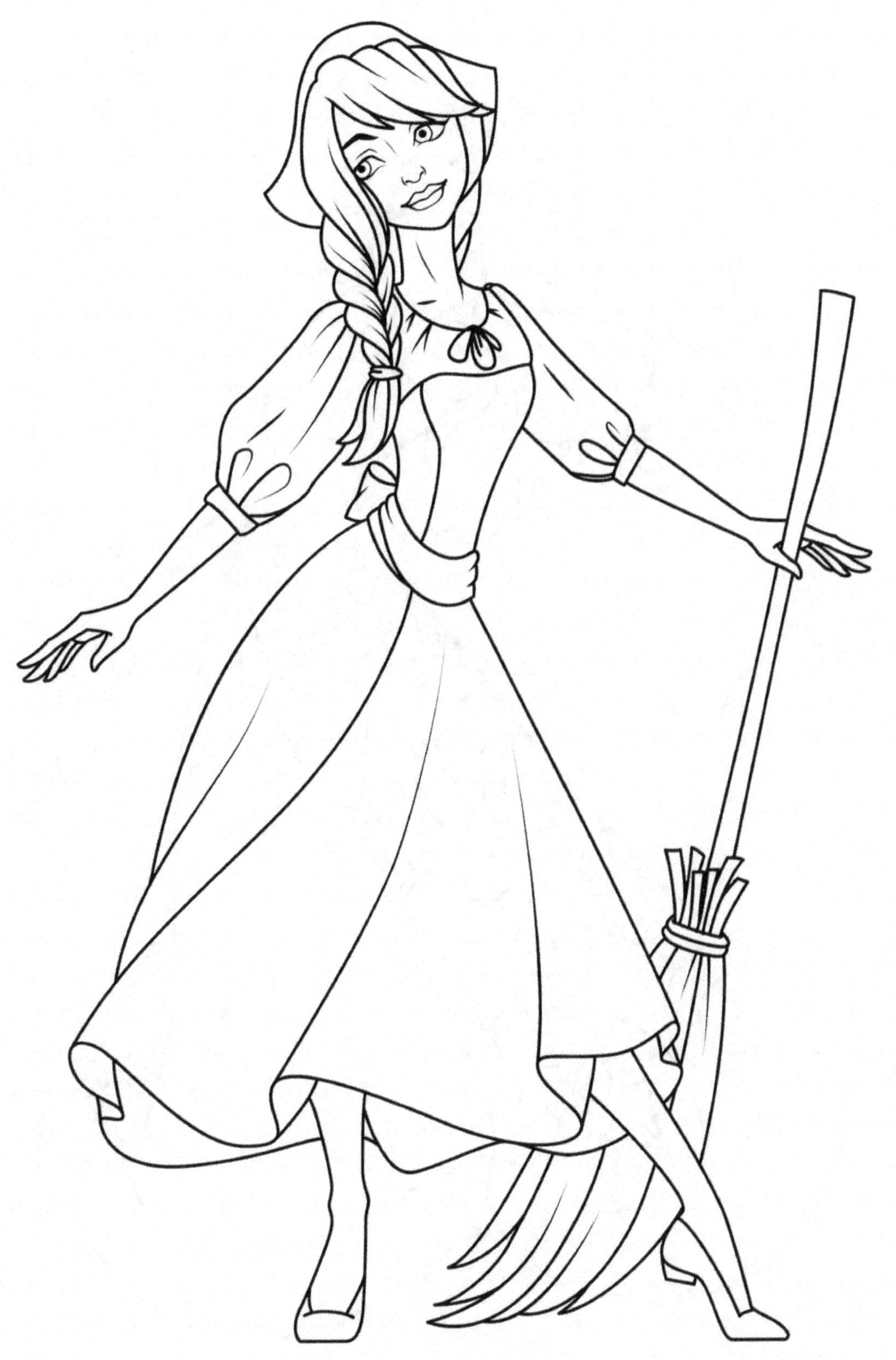

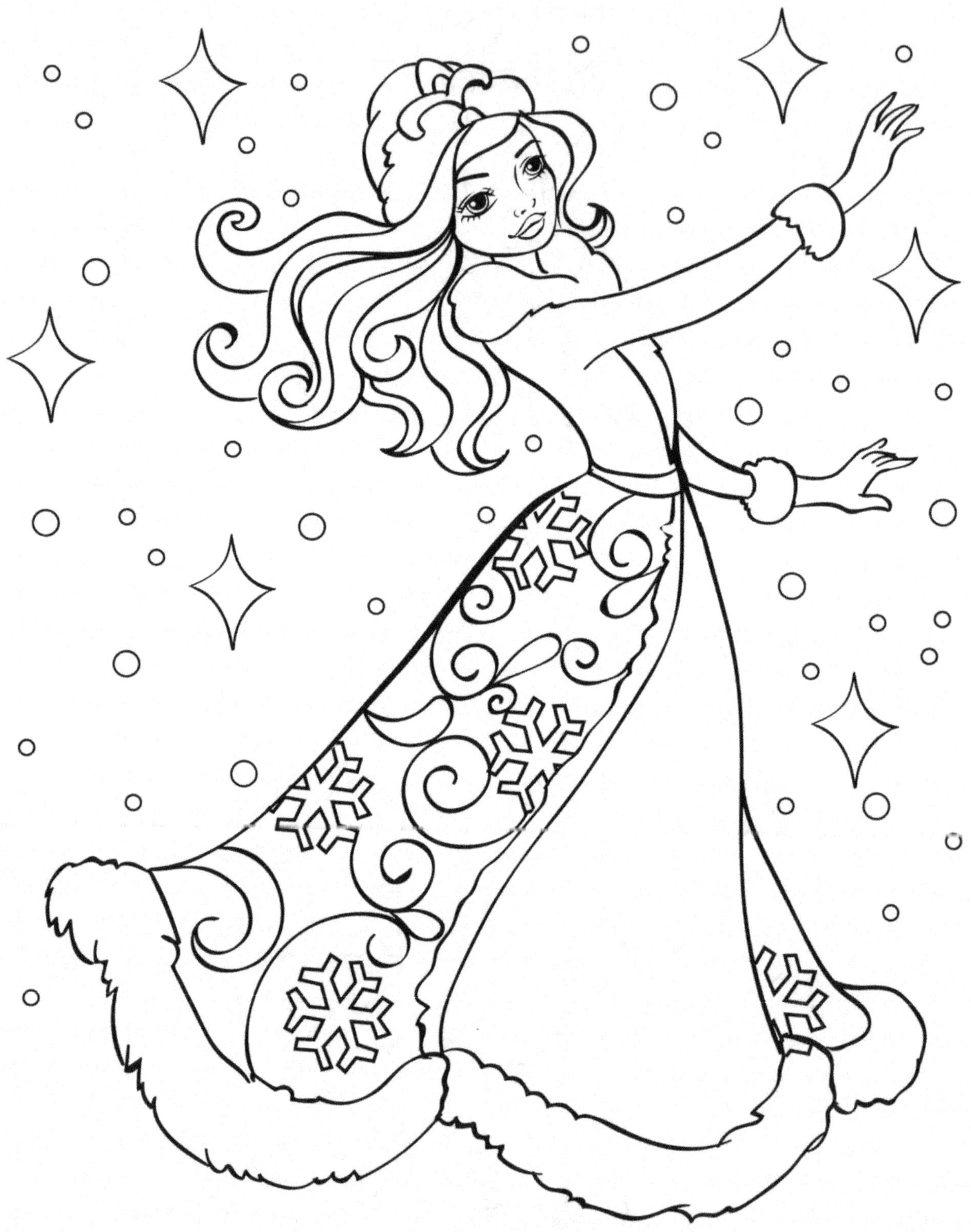

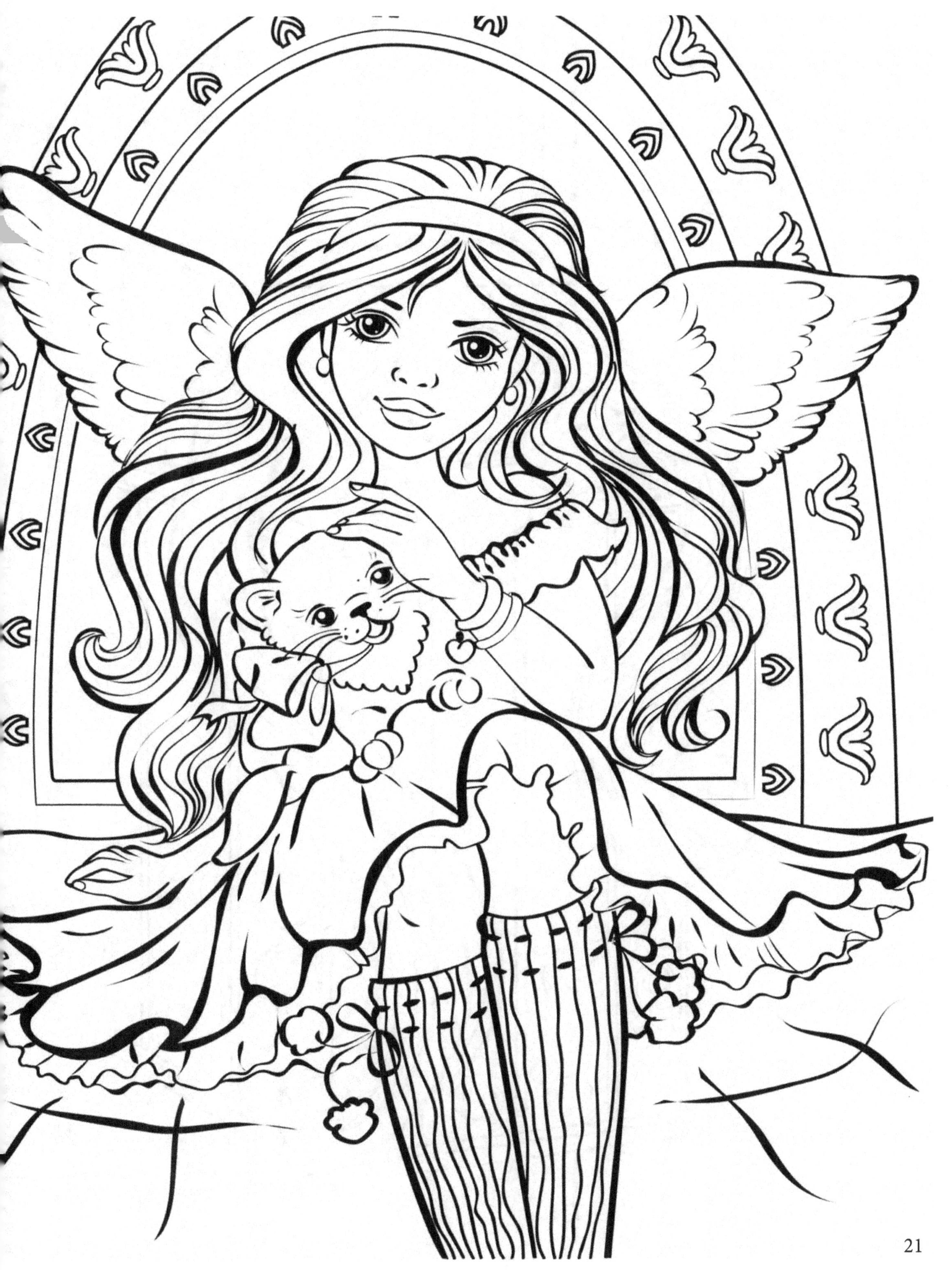

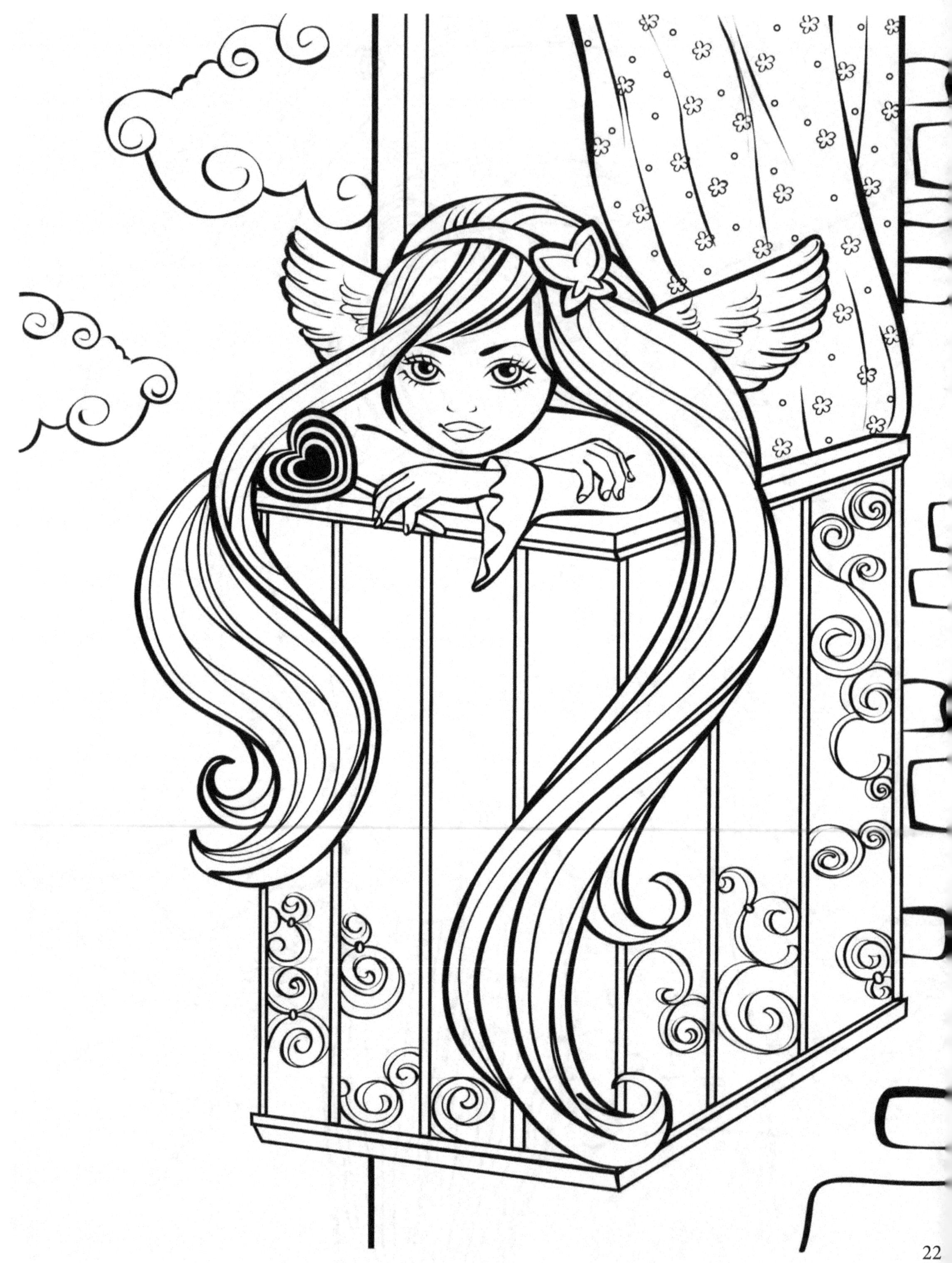

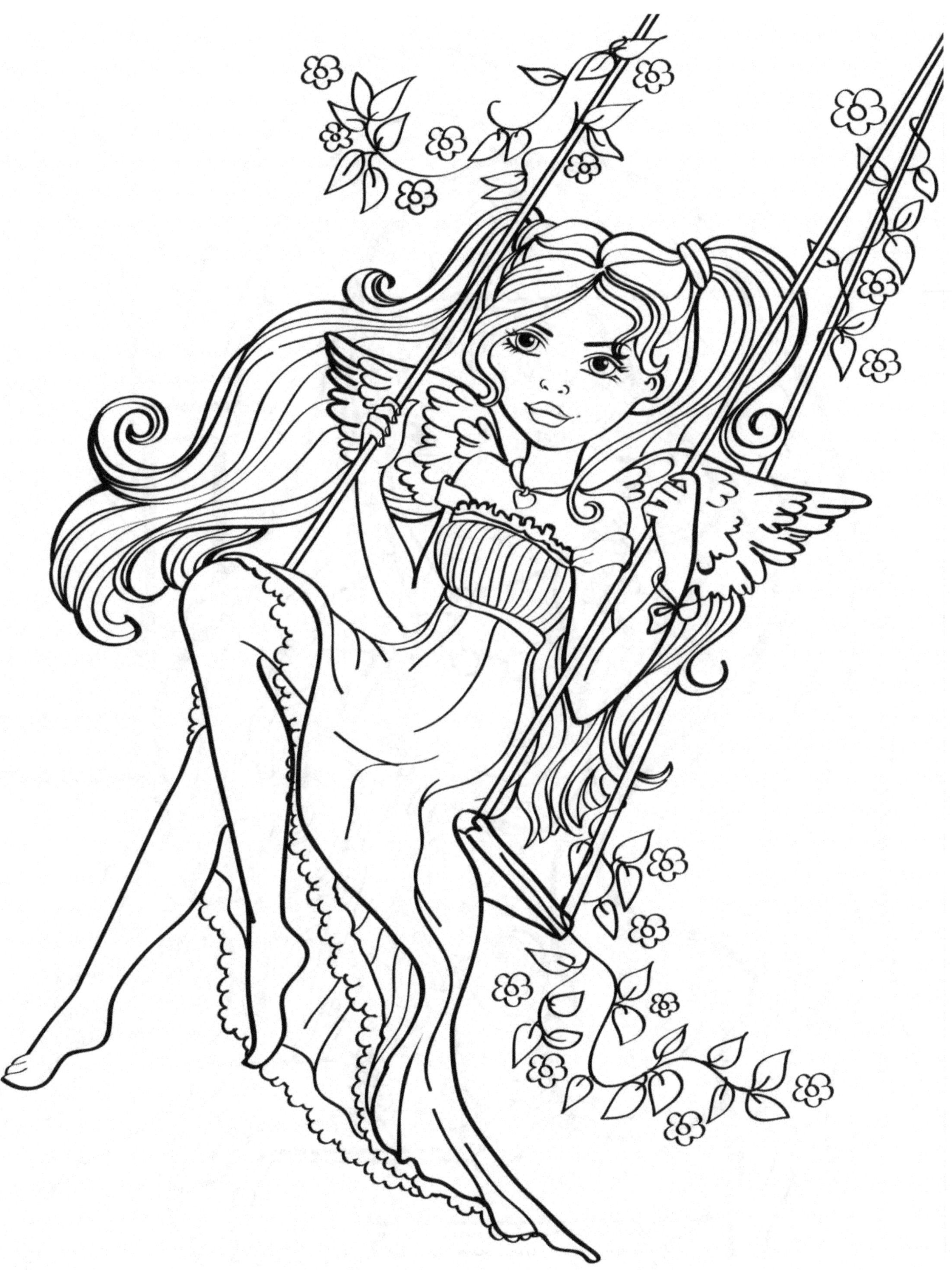

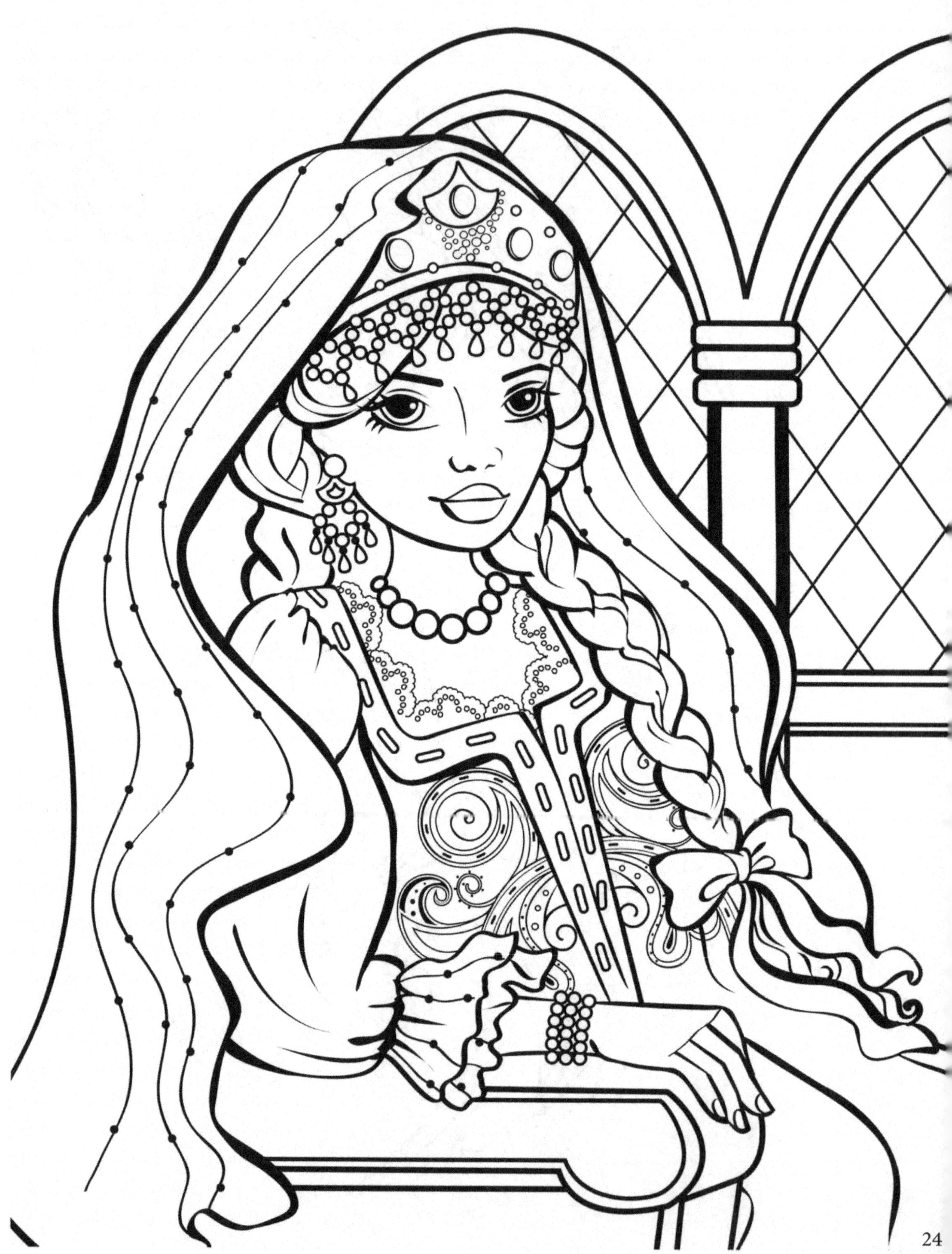

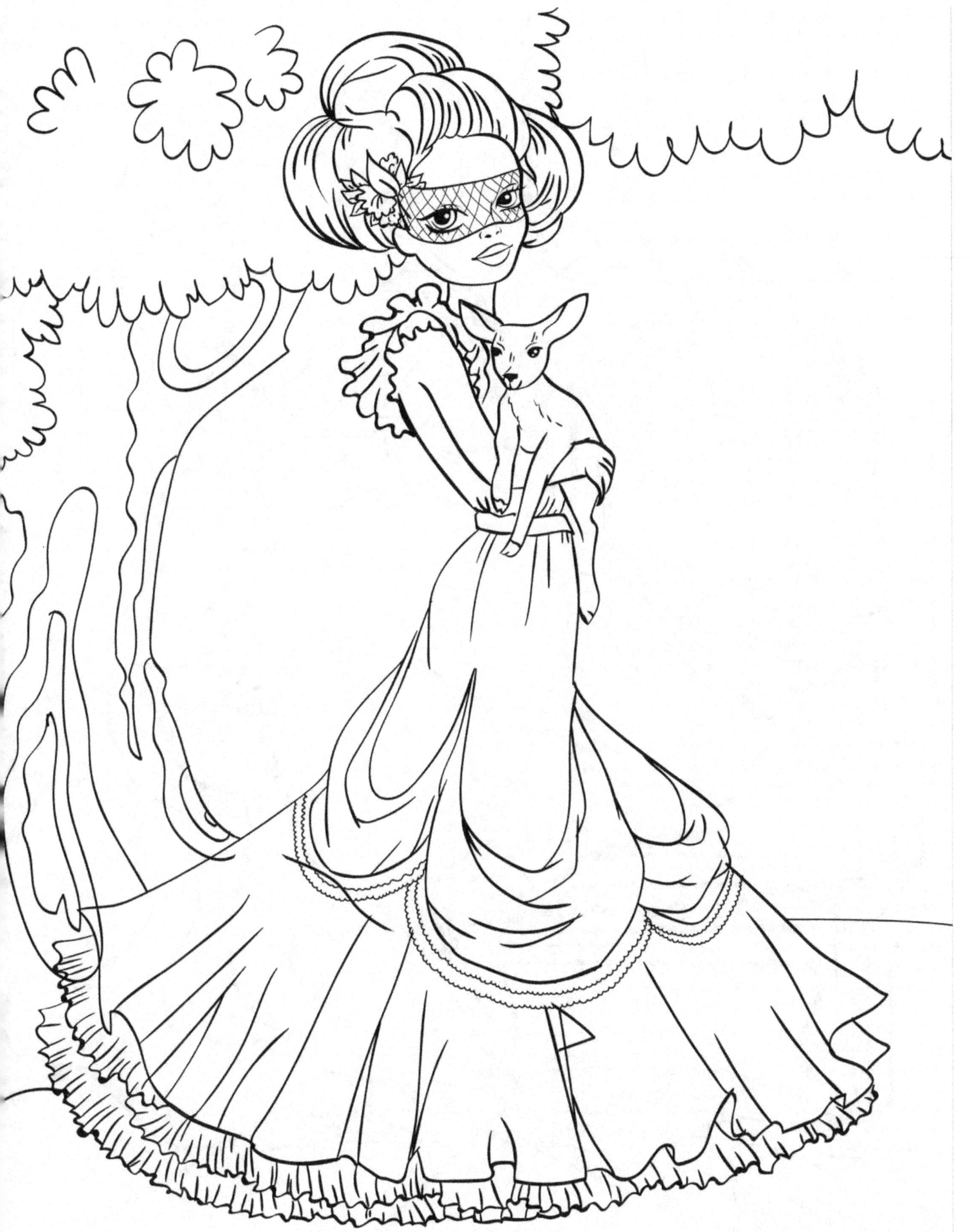

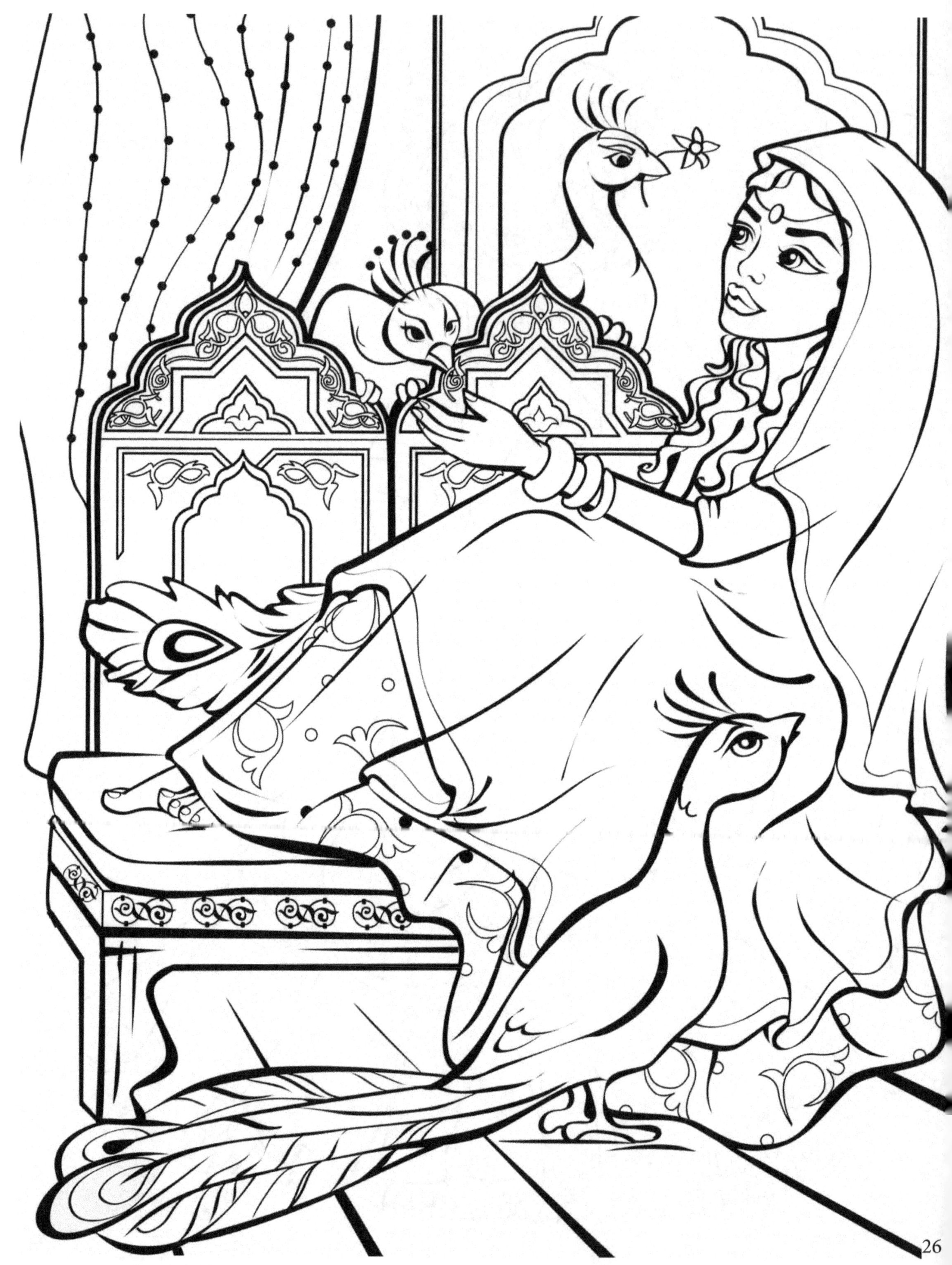

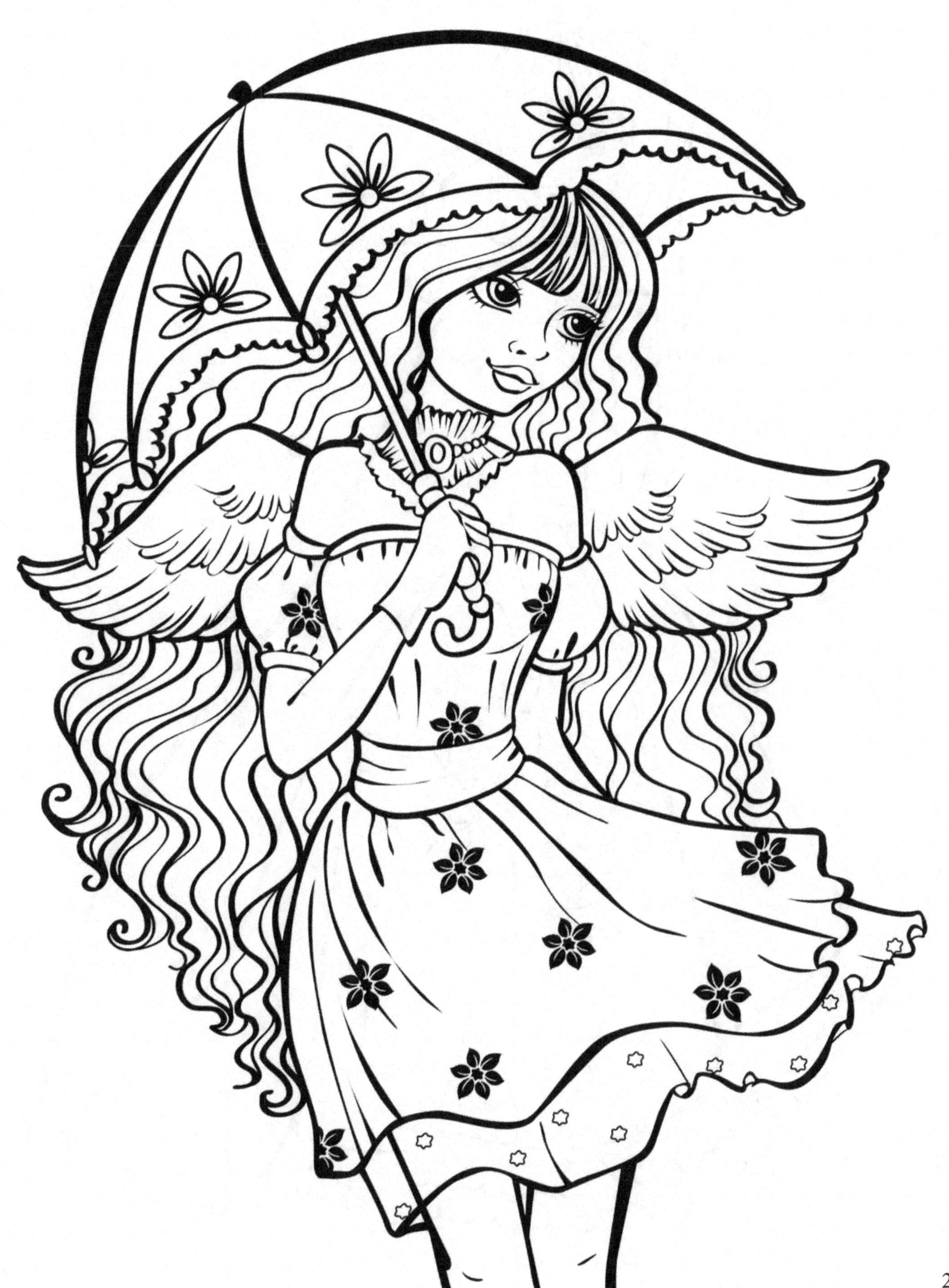

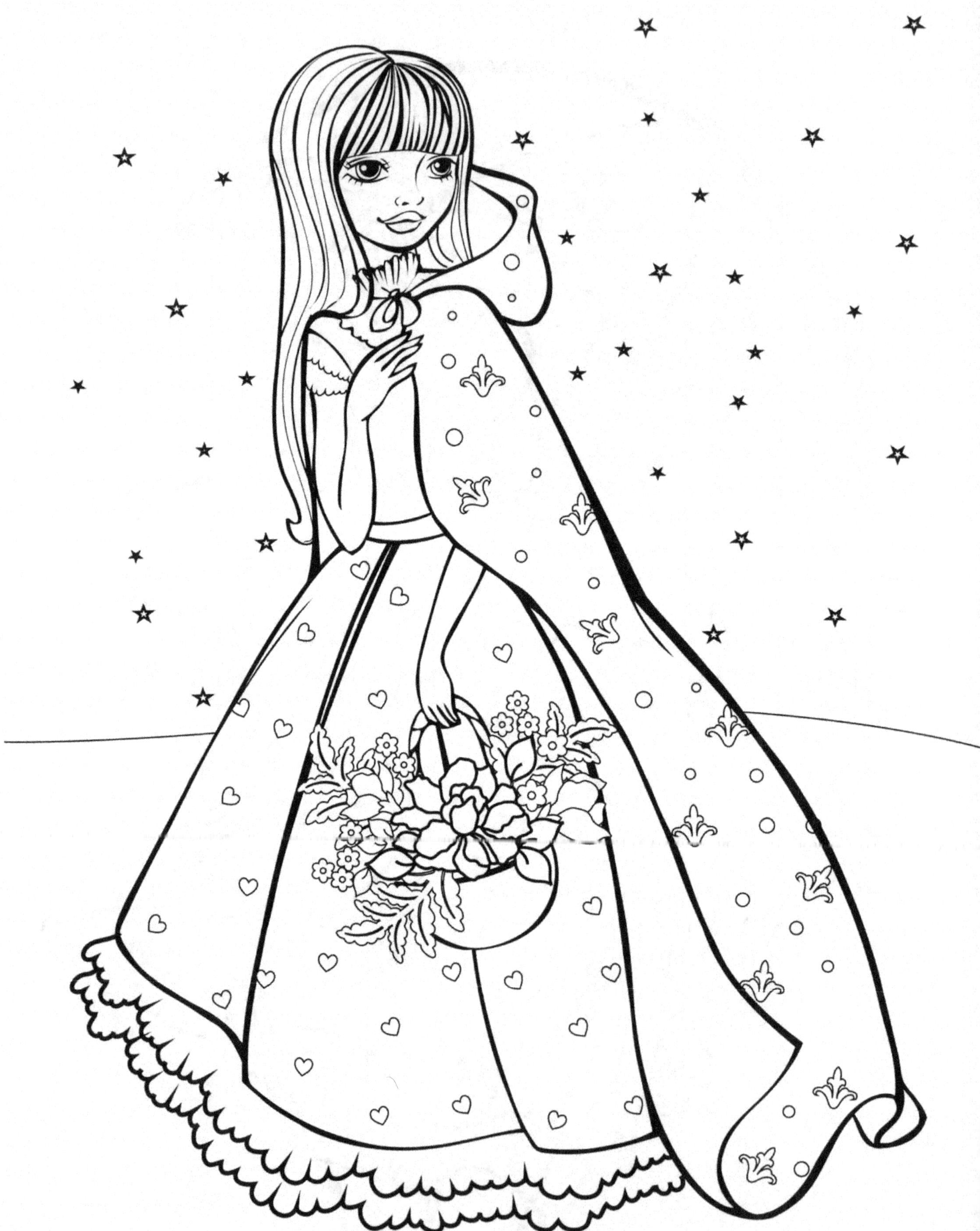

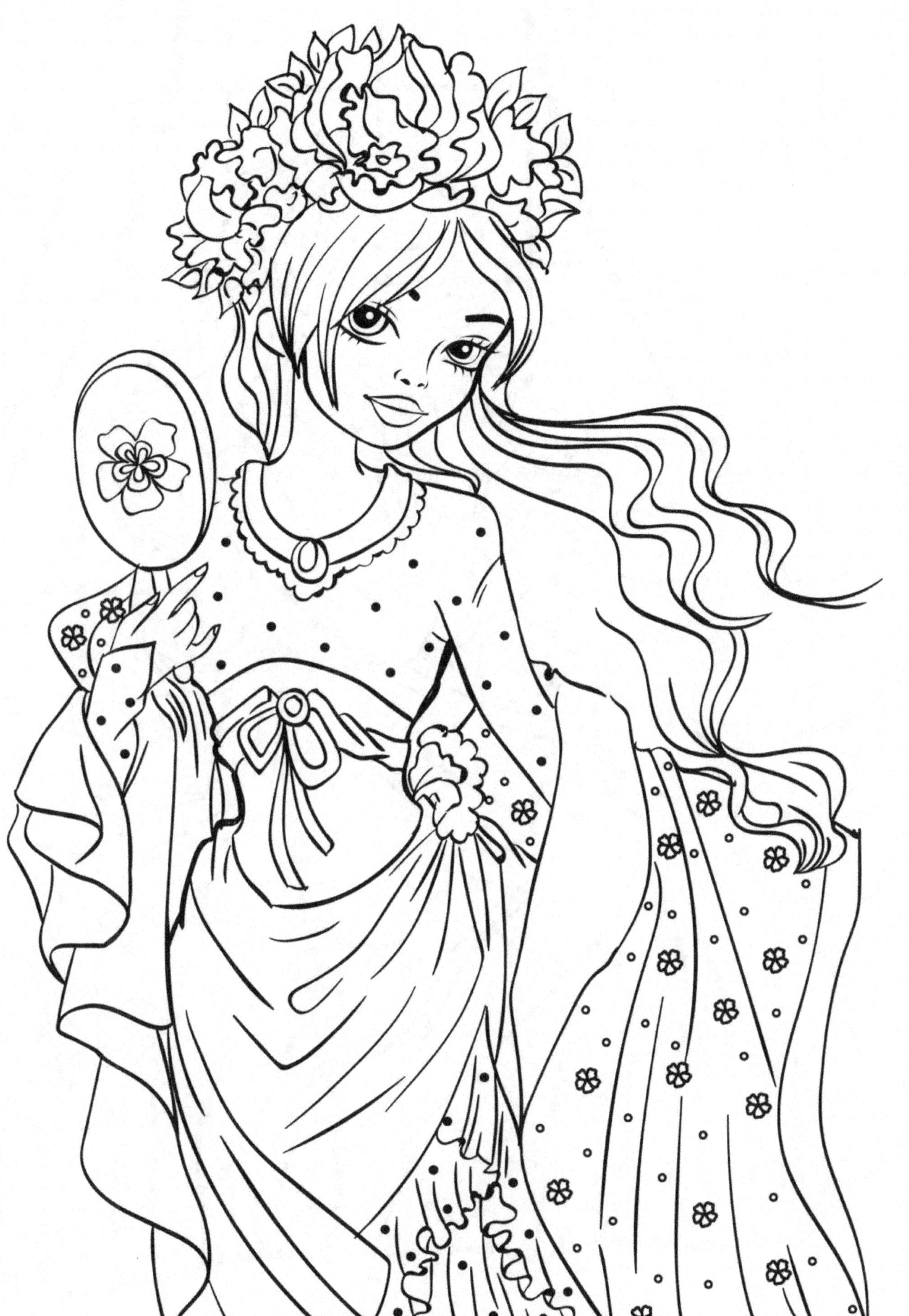

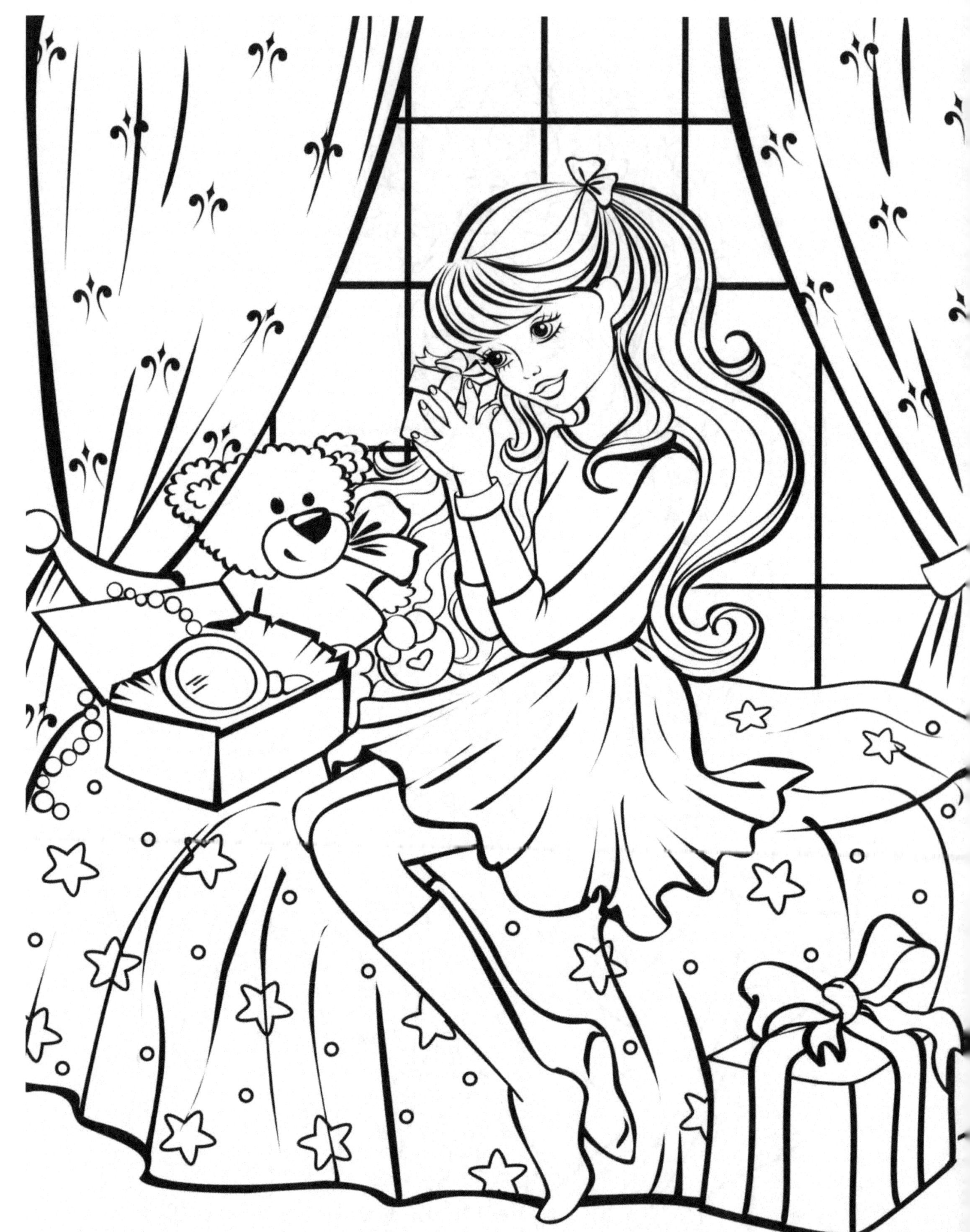

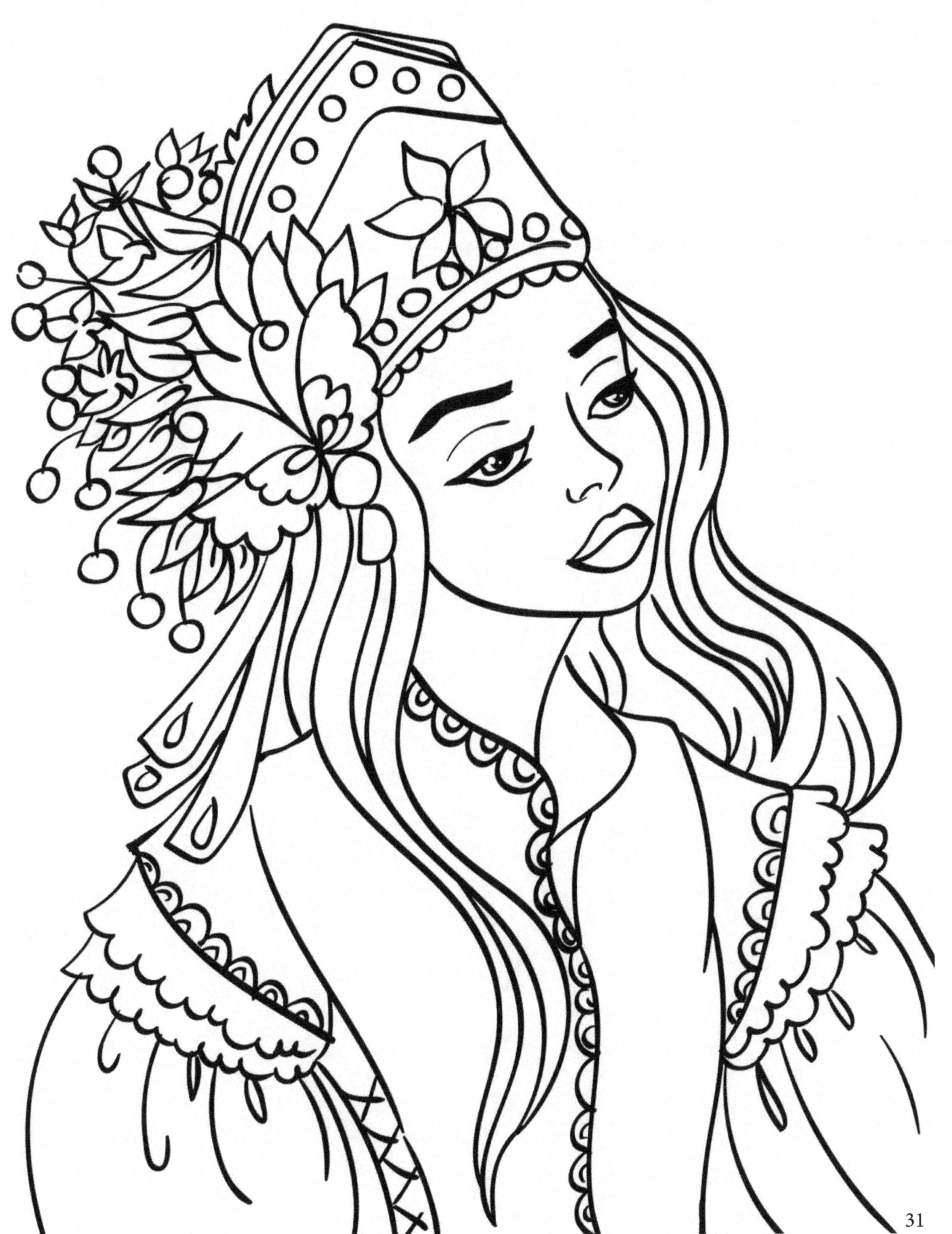